請練習！

吼罵前最好先想到的「藍卡」

使用方法參考 43 頁！

告知替代行為

・請做▲▲吧 ！

稱讚

・對於問題行為的相反舉動（正常行為）予以稱讚
・是指正在進行中的事

一起做做看

・那麼，我們一起做做看吧！
→ 一起練習
→ 正式上場

等待

・父母
態度堅定、有可能獲得正向回饋
・孩子
轉變與切換的時間

展現同理心

・同感——
我知道你想〇〇
・複誦——
你想〇〇啊！

冷靜

・深呼吸（親子都要）
・離開，想想別的事情

情境製造

・距離
・視線
・刺激

提問・傾聽・思考

・發生了什麼事？
・下一次該怎麼做才好？

※盡可能以平淡中性的談話引導孩子發言。若辦不到，暫時跳過。

忍不住就會出現「紅卡」

詞意不明

- 好好看著
- 給我好好做
- 再好好想一想

冗長的說明

- 一直在強調理由或說明狀況
- 打斷孩子的注意力
- 孩子不清楚該怎麼做才好

否定（禁止）

- 不要做〇〇
- 不准做〇〇

厭惡

- 如果你平常會這樣該多好
- 你這樣做沒有比較好
- 你明明可以辦得到

威嚇

- 置之不理，掉頭走
- 再也不會讓你〇〇（孩子喜歡的事）
- 你等著回家被處罰吧！

處罰

- 一星期不准吃點心
- 明天不去遊樂園了

逼問式攻擊

- 為什麼把茶溢出來？
- 你知不知道這麼做不對？
- 要我說幾遍你才懂啊？

吼罵

為什麼總是這樣欠罵？

你夠了沒？

給我差不多一點！

孩子開心、你也開心

「零吼罵育兒練習」

伊藤德馬

Discover
ディスカヴァー

我是年約三十的夏美媽媽
現正因育兒問題而苦惱著
今天也對孩子大吼大叫……
唉～
我再也不要這樣！不想再當個吼叫的虎媽！
雖然這麼想，但總是做不到……
我可愛的兒子小修啊～～
小修 五歲
偷偷摸摸
竟然把青蛙放進鍋子裡
呱
哈哈哈!!
嘻嘻

在狗狗的臉上胡亂塗鴉
嘻嘻
又來了!!
你看~
マーカー
熊熊怒火
只要一想起他做的好事，就怒火中燒！
太過份了，無法原諒！
火——大
首先，先練習看看比較好！
練習？
吼罵孩子的練習？
不是啦！這個練習妳一定能辦到！
讓我們一起來練習零吼罵的育兒方法！
零吼罵的育兒方法？

前言

大家好。我是日本神奈川縣茅崎市公所職員伊藤。

這本書是我和朋友們一起開辦的育兒練習講座「零吼罵育兒八策」的教科書版，讓家長們可以在家裡實際練習與體驗。

「零吼罵育兒八策」講座主要是讓家長可以輕鬆無壓力地練習與孩子的應對方法，如「明白告知孩子替代行為」、「跟孩子一起做」、「等待」、「提問並讓孩子思考」等，並期許能真正落實到生活中、提升實踐頻率的育兒課程。

這個講座並沒有艱深的理論，也非高深的精神論，只是純粹練習而已。僅僅只是讓接觸本書的讀者們，針對與孩子相處、因應的方法，「不厭其煩地」多方且大量練習。

不過，請放心！因為很簡單，只要反覆練習，一定會熟能生巧。

而且，實際參加過講座的家長們的回饋及成果，也很不錯。

各位若透過本書來練習與孩子相處的方法，應該跟來上過課的同學一樣，會有以下的體驗。

①快樂地練習基本方法，再實際嘗試運用在自己孩子身上。

②雖然也會有不順利的時候，但能與孩子順暢溝通的機會會漸漸增多。

③訝異地發現「只是這樣做，竟然有所改變！」

④就算孩子出問題了，也會很自然地這麼想：「啊，這種情況我完全能應付！」心情會變得輕鬆些。

再者，「育兒八策」的宗旨是「練習八個基本的相處方法後，選擇對自己最得心應手的方法在家裡實踐看看」，它是可以靈活應用，並沒有硬性規定「在這個情況下，必須使用這個方法才行」。請配合自己的家庭狀況，靈活運用。

此外，就技術層面和精神層面而言，與孩子相處本來就非易事，加上各位並非有著深厚與孩子相處經驗的專家，頂多是正在教養一至三位孩童的新手父母，不知如何對應孩子的情緒與突發狀況，時常被搞到烏煙瘴氣，也是無可厚非。

即使問題沒有處理好，也不是您的錯：與其一直反省與後悔，自責「為何又生氣，下次不要再這樣」，**倒不如好好練習，培養經驗值，慢慢累積因應能力，這樣是不是會覺得更輕鬆開心呢？**（雖然這麼說，在我自己的育兒歷程中，也是經常在反省、後悔，甚至覺得煩透了！）

不求一百分育兒法，輕鬆育兒才是王道

不好意思，我忘了自我介紹。今年四十二歲，家人有妻子和讀國中與小學高年級的兩個孩子，還有一隻狗。

以前覺得孩子很可愛，現在從好的方面說，正處於「難對付」的時期（幾年前還會一直吵著「爸爸抱」、「爸爸抱」，現在卻……）。

雖然我是育兒講座的推廣人，但請不要誤解，我本身並非育兒一百分的家長，而且我也不以一百分為目標。因為工作、因為時勢所趨，讓我有機會得以練習與孩子相處的方法，使得我的育兒工作更有效率，更輕鬆，也更勝任。但有時候依舊會遇到意想不到的狀況，無法順利因應而苦惱。

我現在不負責現場工作，是負責福利企畫總務的工作，不過，以前有十年時間是處理兒虐、育兒方面的諮詢輔導工作。那時起就決定要擴大「親子相處方法練習講座」的推廣及經營，現在也持續在進行相關內容的演講及研修。

各位可能會問我，為何現在還持續從事這項活動呢？因為我很清楚，儘管現代家長對於「具體有效的育兒方法」需求度極高，但是光靠行政單位的育兒援助服務根本無法滿足這方面的需求。

在我從事諮詢輔導業務之時，遇到許多親子溝通不良、找不到解決方法的家庭。問題千絲萬縷，大家都認同「親子相處和諧，家長和孩子都會感到快樂」，然而，要做到「親子相處和諧」，連專家也覺得不容易，畢竟坊間傳授親子相處方法的知識太少了。

在我還是菜鳥輔導員時，雖然在面對虐兒案件的家長會這樣跟他們說：「請讓我們一起想想可以不體罰孩子的育兒方法。」這時家長會反問我：「那麼，你說我該怎麼做才好？」常會遇到像這種傷腦筋的場面。

透過「練習」就能改善！

當今時代，我們可以透過育兒書籍、講座及相關網站輕易取得育兒資訊，但是卻找不到對於親子相處提供練習機會的資訊。

身處育兒地獄的家長會發出這樣的聲音：「我知道要怎麼跟孩子應對，書上跟網上都有人分享」→「可是，因為不曾練習過，就無法確實實踐」→「因為無法實踐，無法徹底運用，反而很困擾」。

於是，行政單位和育兒共學團體合力開辦「育兒練習講座」，申請上課的家長人數很多，學員上課時的反應也很好。

筆者和朋友都認為，人人都能輕鬆參與的練習講座若能多多舉辦，一定能夠創造更和樂的親子互動，所以我們每天都在努力推廣。

基於這樣的信念，而有了這本書的誕生。雖然參加講座的人一直在增加，但是遠不及沒能參加講座的人，需要透過其他媒介將「只是練習就能有所改變」的體驗讓更多人知道，那麼，就寫成書吧！如何將講座的實際練習如實呈現在書本中，需費一番工夫，不過，首先聯絡出版社看看。

於是，這本書就這麼問世了！真是可喜可賀。

我一直抱持著戰戰兢兢的態度撰寫本書，最後將我的良師渡邊直先生（日本千葉縣兒童諮商所所長）的推薦文刊登於下一頁。

※這本書所提的育兒練習講座「育兒八策」乃是渡邊先生所創作的「機中八策」（於下一頁說明）的改編版。「機中八策」是針對親子相處的育兒領域到成人交際領域，讓學員可以體驗與學習正向溝通經驗的啟發講座，同時也是一項「讓世間所有溝通關係朝正面積極方向發展」的社會活動。「育兒八策」就是將「機中八策」改造成輕鬆樂活育兒講座的產物。

推薦序

認證心理師、臨床心理師　渡邊直

伊藤先生，終於等到這個時刻，恭喜出書！我雖未將「機中八策」撰寫成書，但您把我的份算在內，撰寫了這本相關書籍，謝謝您。

也要向現在少數願意購買書籍並閱讀到此頁的讀者，致上謝意。本書並非滿篇艱澀理論的專門書，不用擔心閱讀本書會讓您傷腦筋，請以輕鬆的心情翻閱本書。也不必要求自己「這種情況下應該這麼做才對」，這本書是輕鬆派．伊藤方法的育兒練習，各位只要持續且不厭其煩地練習就可以。

把理論拋諸腦後，只需用身體感受，就能學到與孩子「和諧相處」的基本對應方法。當各位翻至本書後半部時，就能找到屬於自己的應對相處模式，為自己的育兒術定型。

我本身在兒童諮商所工作，兒童諮商所是日本處理所有與兒童相關的諮詢輔導業務單位，從二十世紀的最後一年，也就是西元兩千年開始接下兒虐案件的處理，以致現在日本人只要聽到「兒童諮商所」，就會聯想到「兒虐處理中心」。

在我任職期間，伊藤先生是市公所的兒虐處理諮商部門的負責人，我們是因這層關係而認識。雖然我們隸屬的工作單位不同，我是兒童諮商所，伊藤先生是在市公所，但我們一樣聽到許多當事者家長對我們說：「我們並不想罵孩子，更不想動手體罰。但實在不知道該如何與孩子好好溝通。」

為什麼，父母無法跟孩子順利溝通呢？

最近也有高度專門性的父母訓練營或各種活動推出，都是由公家行政職員學習了這方面的技巧，然後再開辦課程，所以很吸引人。

不過，要學到真正的技巧，雙方都必須花費大量時間、成本及人手。畢竟，一旦發生讓孩子產生「恐懼感」、「痛苦感」、「疼痛感」、「厭惡感」等感受的事情，便會在孩子身上留下重大創傷。

因此，我開始思考上述「事情」發生前的預防對策，如果能有一個可以輕鬆學習，也具備專業性的「非暴力親子溝通」套裝課程，讓更多人可以共享的話，不是很棒嗎？

基於這樣的念頭，在二〇一二年在出差搭機的旅途上，突然靈光一閃，腦海出現「機中八策」。坂本龍馬在搭船時，想到了與行政奉還有關的維新八策，也就是大家熟知的「船中八策」，因為我是在飛機上想到的，就取名為「機中八策」。

親子、夫妻、上下屬之間的相處，很容易情緒化，每天都面對同樣的人，相處久了，怒點會越來越低，情緒也容易焦慮。可是，不希望以「怒吼」、「打罵」、「抱怨」、「批判」、「否定」的暴力溝通來發洩焦慮情緒。在演變成上述情況前，希望你停下腳步，離開現場，讓自己冷靜。

那麼，如何察覺出這些徵兆呢？當「否定・打罵・抱怨・恐嚇・責問・疑問・處罰・責難」的行動卡要出牌時，就是徵兆了。

行動卡	內容
否定	否定語氣
打罵	吼罵 打
抱怨	情緒勒索
恐嚇	威脅恐嚇
責問	提問　詰問 讓孩子自己想
疑問	疑問語氣
處罰	給予懲罰
責難	責難 人格否定

這時候，請啟動開關，轉換為「稱讚・等待・練習・替代・情境・約定・同理・冷靜」的行動卡。

稱讚	讚美肯定
等待	等待回應
練習	反覆確認 一起做
替代	明確告知或提示 適當的替代行為
情境	製造情境 （常沉穩靜*）
約定	事先約定
同理	複誦孩子的話 理解他的感受
冷靜	深呼吸三秒鐘

*常沉穩靜是取「時常保持沉著穩定冷靜的心情」這句話的各名詞縮寫而成的話語

以上就是將「機中八策」強調的非暴力溝通術。

各位覺得如何呢？是不是很容易就能學會，覺得自己「一定辦得到」呢？

為了讓自己可以因應情況，順利提取適當的卡片來解決問題，事前需要稍作練習。透過**反覆練習，就能「定型化」，讓你自然而然地就能採取適當的因應措施。**

不過，不必逞強地說我自己一個人練習也能做到，最好的方式是跟家人或育兒群組、家長群組一起練習，彼此打氣、支援，形成一股與人為善、知己知彼的溝通文化。

作者伊藤先生將這個「機中八策」的若干細節加以變更，改編成「零吼罵育兒八策」，並為了加強練習的成效，寫出了這本書。我跟他的相識始於一場志同道合的邂逅，我認同他的想法與做法，相信一定能成功。

那麼，就請各位趕快進入本書章節，建立起屬於自己的「輕鬆解決疑難雜症的零吼罵育兒術」吧！

目次 contents

第1章 告訴孩子替代行為「你要做○○」

第2章 和孩子一起做做看「那麼，媽媽和你一起做做看」

第3章 展現同理心「媽媽知道你現在想〇〇」

第4章 情境製造
距離、視線、刺激

第5章 稱讚孩子「你會〇〇了，真厲害」

開始練習之前

時代之故，讓育兒工作更辛苦

那麼，準備好了嗎？這是大有奧秘的育兒練習講座「零吼罵育兒八策」的紙本版。

在開始練習之前，有幾件事要事先說明，首先說明這本書及「零吼罵育兒八策」的宗旨。

筆者認為「現今的育兒環境正處於非常艱辛的時刻」。為何我會如此認為呢？現在被育兒工作忙得暈頭轉向的家長們，幾乎是在一九八〇至一九九八年之間出生的，**在這些家長的成長時期，被爸媽體罰、得不到父母認同，甚至難過到要離家出走的事情是屢見不鮮。**

筆者小時候也曾因做錯事被打，小一的時候還離家出走，躲在置物間過夜。當時的社會風氣認為「孩子做錯事就該打」，這才是最好的育兒態度。

以前的連續劇或卡通影片，戲裡所展現的教育方式就是體罰教育，如果是幼兒或小學生做錯事，就得挨揍；若是國高中生，就被呼巴掌。在當時，這種事情是很普遍的，我的雙親也認為體罰教育是好的，所以就拚命打孩子，老是否定孩子。

可是，到了我們這一代，在教養孩子時若打罵了孩子，就會被認為是「體罰派」；如果孩子哭了，父母大聲怒罵，就會遭受身邊人白眼，甚至打一一三專線說你家暴。**育兒環境有了劇烈的改變**。我是市政府職員，我的工作是接收兒虐通報與家訪。雖然是處理兒虐案件，但我心裡卻有許多感觸。

現代社會重視孩童權利與安全的保護，這當然是良好的趨勢演變。就這個觀點來看，是非常棒的。

然而問題是，現今的父母們正面臨「**無人傳授因應時代演變的合適育兒術，但對育兒的要求標準卻愈來愈高**」的窘境。

而正向教養又如何呢？孩子真的有那麼多值得肯定讚美的地方嗎？適可而止的稱讚無可厚非，可是，如現今時代所言「育兒是一場稱讚的教育。多肯定、多讚美，孩子會更有成長」，我認為能夠參透這種育兒術的人，畢竟是少數，有時候孩子真的非常調皮啊！

基於這樣的趨勢，現在的家長們真的很辛苦。

「我啊，一點都不想對孩子大吼大叫，也不想對他說出瞧不起他的話。如果他做得好，我也會稱讚他，我也想當個溫柔平和的父母。可是，我辦不到，我好苦惱啊！」

早在十年前，我就一直在思考這個問題，對於陷入上述窘況的父母，還有對於需要育兒援助、被控有體罰之嫌的人，我該如何幫助他們，於是有了這本書的誕生，筆者深深期許這本書就是答案。

觀察現今父母的狀況，不論是在家庭或學校，都沒有人教他們如何怎麼當父母，怎麼實踐「只有稱讚、沒有責罰」的正向育兒術，在僅有自己被體罰的經驗和旁觀他人的經驗之下，正向教養變成是一件不容易的事。

回頭詢問上一代的父母：「能否做到零體罰的育兒呢？」以父母的年代來說，他們甚至沒聽過這種說法。也就是說，現代父母被迫要挑戰與自我生長時代截然不同的育兒方式，他們將會比上一個世代的父母更辛苦。

因此，本書宗旨就是要讓這般辛苦的父母「輕鬆地練習時代所要求的『稱讚肯定育兒術』，並提升確實實踐的頻率」。

總之，若各位因貫徹正向教養而感到辛苦的話，絕對不是你們的錯，完全是時代之故啊！這點很重要。是時代的緣故，不要一開始就自責。

為什麼育兒需要「練習」？

那麼，「為什麼育兒需要練習呢」？

本講座的首要宗旨就是練習，透過講座讓學員輕鬆練習親子相處育兒八策，藉此提高學員在家裡的實踐確實率。總之，就是要認真練習。

說來很不可思議，在育兒領域中，從未重視「練習」這件事。在運動界、音樂圈或學習方面，大家都說要一直練習，認真練習才能學會，進而專精；想學會開車，也是要上駕訓班練習或實際上路練習。

假設一位網球新手到網球學校就讀。一開始學校會讓他學習什麼呢？無疑是從最簡單的開球開始，然後練習對打、上場對打，也要模擬賽練習，練習到熟悉後，才可以真正出場比賽。在比賽過程中也會遇到各種難關，要靠累積的每日練習經驗來解決。

試著把上述流程套用在多數家長經歷過的「與孩子應對的辛苦體驗」上。

首先，就算是新手父母，也要毅然決然進入真正的比賽（面對自己的孩子）。事前沒有基礎練習，也沒有實戰練習。如此一來，比賽當然不順利，只好諮詢教練（育兒相關專家。譬如健診現場的保健專家或幼稚園、托兒所的老師）。

然後教練會回覆「媽媽，請時常稱讚妳的孩子」或「孩子本身也很努力了，妳不要太心急」之類的理論性言語。父母聽了這些話，心裡會這樣嘀咕著：「這些道理我都懂！我當然知道要這樣做，但是我辦不到，才要請教你啊！」

理論性言語的內容當然是正確的，也有家長因這樣的話而得到幫助，但如果想成是在學習網球、籃球等運動項目，教練只給予口頭教導，整個心就涼了一截。一開始不是該好好示範並帶著做動作嗎？請教了教練、教練也給了口頭建議，是否也會有教練提議「那麼，現在就照我剛剛說的方式來練習看看吧」的選項呢？

接下來更不可思議的事發生了，要求是否能把具體的育兒應對方法以言語說明或實際示範，也會有專家以「育兒手冊化」或「父母和孩子都是不同的個體，每個案例都不一樣，統一的育兒法完全是紙上空談，毫無用處」等理由來否定。

可是，大家參加社團活動或學習才藝，不是都會經歷實作練習的過程嗎？為什麼在**體育、音樂領域，練習是「必經過程」，而關於育兒術，「從未」有人提過要練習呢？**真是百思不得其解。

因此，「育兒八策」就針對這個「百思不得其解」的疑問開了個洞，主張要「先練習」。育兒術的練習跟運動項目的練習一樣，首先針對「稱讚」、「冷靜對談」等基本應對方法簡單地反覆練習、實際應用看看吧！

雖然一開始不是很順利，只要持續練習，就會越來越順手。

所以，就透過這本書來練習吧！

此外，身為協助家長育兒的我，心裡還有一個想不通的點。坊間有不少親子講座遍地開花，像是「正向教養工作坊」等這類型屬於專業度較高的課程，講者必須具備相當的學經歷及實作經驗，而參加者也需要具備一些教育相關的基本知識。

然而若希望普及正向教養育兒術，便不能只是請講者以輕鬆的口吻講解高難度的內容，如此本質並沒有改變，對參加者即聽眾而言，依舊是較具知識門檻的講座。

容我問一個離題的問題，請問各位平常是騎哪種款式的腳踏車？我猜應該很多人是騎媽媽牌腳踏車吧？我想應該很少人會把高價的登山腳踏車或越野腳踏車當作日常的交通工具。對多數人而言，腳踏車不必貴，只要能簡單輕鬆地騎著它到處跑就可以。

我到底想說什麼呢？我認為最理想的親子講座，就是像媽媽牌腳踏車一樣的存在。

若有專業講座當然好，但並非每個人都想擁有越野腳踏車，反而專業度低、可以讓人輕鬆練習的日常育兒講座才是真正符合需求。

所以我的腦海浮現「育兒八策」這個講座。簡單易學，而且又有效果，但是門檻並不高。

因為它是「媽媽牌腳踏車等級的育兒講座」。

因此，請本書的讀者們以騎媽媽腳踏車的輕鬆心情來練習吧！

那麼，練習的「效果」如何？

透過這本書來練習會達到哪種程度的效果呢？我的回答是「剛剛好的效果」。透過這本書大量練習，也不代表在你的育兒過程將迎來玫瑰色的美好時刻。

因為練習是基本，用於日常的各種情況，有一定的效果；但也因為是基本的東西，威力不是特別強大，尤其遇到複雜問題時，單憑本書的內容不見得能解決所有問題。因為本書是基本應對練習書。

換個角度來看，本書具備**「讓親子關係漸入佳境」**的效果，這也是本書著重的主題。這麼說難免會給人一種「照著做就會一切順利、一定要這麼做才行」的感覺，但事實上並非如此。透過練習的成果是務實的效果，認真練習之後一定可以感受到「終於可以好好跟孩子溝通了（很多時候話不投機）」的差異度、也可以察覺自己的變化——以前的話早就開罵了，但現在可以冷靜看待與處理（不過，還是有很多時候會氣到想罵人）。總之，與孩子相處情況有慢慢改變與改善。

所以，各位請放心。**有些許改善就不錯了。「慢慢地、一點點地」看到成效。**

根據講座的問卷調查結果，假設參加講座前的吼罵頻率值為10，參加講座後的吼罵頻率值（參加者的主觀感覺）的平均值約為6。就算練習過了，吼罵頻率值並不是降為0，還是有6分。

不過，**即使只是少了「4分」，也能充分感受到練習後的效果**。

孩子教養涵蓋的範圍很細很廣泛，一天裡可會遇到好幾十種狀況，每天依狀況實際練習幾十次，成功率也會提升。更何況**持續練習一週、兩週的話，效果會漸漸增強，持續一年的話，就會產生極大的差異**。

所以，以前一天會吼罵孩子十次，練習後，有四次不會對孩子吼罵，而是會像這樣與孩子應對，「這件事就這麼做吧！」「我懂了。這樣做可以嗎？」「是的，就是這樣」，如此一來，家長的壓力會減輕，親子之間的信任感也會有所改變。且親子溝通變得順利之後，孩子也會變得更加自動自發，所以千萬不能小看練習所累積的成效。

總而言之，本書要義就是**「不厭其煩地練習，親子之間的相處關係就會慢慢有所改善」**。

容我再囉嗦一次，請認真練習。

適用於哪個年齡層的孩童？

本書練習內容的適用對象年齡是幾歲呢？大抵三歲以上的對象都適用。一言以蔽之，「零吼罵育兒八策」的內容就是對話溝通術，滿三歲的孩子比較好溝通，**四歲至小學低年級的年紀是最佳「練習、實踐、效果呈現」的時期**。

成效當然會因人而異，所以不需要跟別人比較。等孩子到了小學高年級的年紀，就會有青春期問題，這時候實施起來會有難度；不過，練習依舊是最基本也最重要的。

因為是對話溝通術，用在零歲至兩歲的孩童身上是早了些，不過，家長可以事先利用本書來練習，為一年至三年後做好準備。**尤其建議雙親一起事先預習，到時候真的遇到狀況時，兩人就可以聯手且順利解決問題**。

即便偏成人的問題，本書也適用。因為不論是商業書籍或愛情書籍，書中羅列的問題情況都一樣。

此外，當孩子的成長過程遇到挫折時或「用盡方法仍沒有改善」時，不要再依賴本書，請找專家諮詢。有問題時先致電給公家專門單位，請他們介紹育兒方面的專業輔導人員。而且，公家單位是免費服務。

容我再說一次，本書只是基礎練習書，只會有基本練習的效果呈現。

什麼樣的人該閱讀本書？

本書是以身處育兒期的母親為主要對象。原因是筆者平常舉辦的講座課程，報名參加者絕大多數都是媽媽，而本書就是把講座內容予以書籍化的成品。

「養育孩子是媽媽的事嗎？」——這句話乍看之下好像不符合時代潮流，但更正確的說法應該是——「養育孩子是媽媽的事，也是爸爸的事。」

我在負責育兒諮詢工作時，即使一開始來尋求諮詢的人是母親，但在諮詢過程中，我也會特意讓父親參與其中，以檢查諮詢的進展情況。「零吼罵育兒八策」講座也把提升父親參與度當成重要努力目標，所以也企畫了各種適合父親或已婚夫婦一起參加的講座。

媽媽講座和爸爸講座因為參與者不同，講座的進行方式當然也會略有不同。媽媽講座是以平日會發生的案例為主，以「常會遇到這樣的事吧？所以很想避免這樣的情況發生。那麼，我們來練習看看。兩人一組來練習」的模式來練習。上課時，許多媽媽都會點頭反應，也踴躍發言，熱衷練習，很快就融入情況，甚至會即興表演。

而關於爸爸講座的話，比起平日案例練習，技術論或視覺性等的「特定問題」更能引起他們的興趣，上課氛圍很像在舉辦職場研修會。爸爸之間的練習會顯得有點放不開，如果準備酒和下酒菜，氣氛就會比較熱絡（笑）。

因此，本書決定先以平日會發生的案例為主，將媽媽講座的內容寫成教科書，把媽媽當成主角。（筆者的心願之一是將「育兒八策」遍及爸爸圈，所以還需要再努力！）

本書的結構

各位現在拿在手中的這本書，它的重點在於「基礎特訓篇：五張藍卡」。八個育兒應對術方法中，以下五個方法為基本方法，本書就是針對這五個方法進行簡易練習、應用練習及進階特訓。

「1　告知替代行為」
「2　一起做做看」
「3　表示同理心」
「4　製造情境」
「5　稱讚」

雖然只是簡單的練習，但是「基礎很重要」，一定要徹底練習。

本書重點是透過練習與孩子日常互動中常用的應對方式，來提升親子之間的溝通品質，進而降低孩子出現問題行為的頻率，以及減輕父母與孩子之間問題。

藍卡共有八張，本書針對基礎的五張卡練習，所以還有三張藍卡，不過，這三張藍卡屬於「應用篇」，本書就不詳述。但如果您行有餘力，請一定要使用這三張藍卡練習看看。

「6 等待」
「7 冷靜」
「8 提問・傾聽・思考」

筆者必須誠實地說，練習的篇幅很多，正在閱讀本書的讀者們，看到最後可能會這麼想：

「天啊！練習會不會太多了？怎麼還有啊？」

其實在筆者舉辦的講座中，就是這樣練習的。**以基本應對方法為重點練習，目標在提高**

真實生活中實踐的頻率。這樣的練習方式跟學校社團的練習完全一致。

現在就開始「透過這本書，針對五個基本應對方法充分練習吧！」請記住這一點，因為基本才是王道！

藍卡、紅卡的使用方法

那麼，介紹本書隨附的卡片。請將本書最前面的「育兒八策卡片」剪下，擺放在桌上。

如果因為怕「弄丟」而猶豫是否要剪下的話，不用擔心。掃描本頁左下方的 QR CODE，就會出現卡片圖像。您可以將圖像下載到手機裡，要印幾次都沒問題，所以請放心地將本書附的卡片剪下來。

可能因生活忙碌而把卡片弄丟了，或者被孩子拿去玩弄壞了，都沒有關係，因為卡片本來就是消耗品。

以下幾點是卡片的正確使用方法。

- **閱讀本書練習的時候，請邊看卡片邊練習。**
- **閱讀完本書後，將卡片貼在冰箱或牆上。**
- **夾在記事本裡，隨身攜帶。**

據參加講座的家長說，他們會把卡片貼在冰箱或夾在記事本裡，每當看到卡片時，就會想起「遇到狀況要如何因應的方法」。

卡片共有兩頁，第一頁的八張卡是「藍卡」，第二頁八張卡為「紅卡」。首先請看「藍卡」部分。卡片內容很平實，藍卡的八個要點是一直以來都被專家強調並且有效的親子應對法中，選出的八個高實用性技巧。雖然不表示「用了這些方法，問題就能順利解決」，但一定能稍微提高成功率，而且這些方法出場的機會很多，事先做好練習百利無一害。

「藍卡」是提升育兒術成效、轉換觀念的方法卡。對各位是有所助益的。

藍卡是由五個基本卡（**「告知替代行為」、「一起做做看」、「表示同理心」、「情境製造」、「稱讚」**）和三張特殊卡（**「等待」、「冷靜」、「提問・傾聽・思考」**）所組成。

基本卡就如字面所示，乃是親子相處應對方法的基本，適用於多數情況，且有效果。而當孩子無理取鬧、鬧彆扭說不通時，或是家長氣到焦慮時，就可以使用特殊卡，讓親子溝通順暢。礙於篇幅，本書並沒有針對特殊卡詳述，如果時機對了，請務必使用特殊卡。

基本是最重要的事，所以本書將焦點集中在五張基本卡來練習。

接著請看**「紅卡」**。許多人都會有如卡片所述情緒的時候。幾乎不須練習，自然而然這些情緒就會出現。

假設現在孩子沒有把玩具收好：

● 「詞意不明」——唉呀，給我好好做。你是哥哥，要堅強。拜託你，當個好小孩。

● 「否定」——玩具玩完要收好，不要散落一地。

● 「威嚇」——不收玩具，就全部丟掉。

● 「逼問式攻擊」——為什麼不把玩具收好？（就算孩子給了理由，還是繼續罵）

● 「冗長的說明」——不把玩具收好，不曉得誰走過去就把你的玩具踩爛。之前你最寶貝的玩具不見了，你不是哭著找玩具嗎？不收玩具就會跟那次一樣，不見了又要哭著找了。那些玩具可是你生日時特地買給你的禮物，你……（繼續嘮叨）

● 「厭惡」——你覺得把玩具全拿出來，弄得滿地都是很好吧？為什麼老做這種事。

● 「處罰」——因為你不聽話，我要把你的玩具丟掉。

● 「吼罵」——（不需要說明）

藍卡中，有一張黃卡「提問・傾聽・思考」。黃卡是處於中間的狀況，它的作用是「如果問題處理好，就會變成藍卡；如果用法錯誤，就會變成紅卡」。

本書附贈的卡有藍卡和紅卡，又有中間色的黃卡，請各位就以交通號誌紅綠燈的感覺來使用卡片。

紅卡是負面的內容，但不表示「不能照內容做」或「有相同的情緒就是差勁的父母」，這點很重要，要牢記。

總是會不由自主地用到了紅卡。這也是沒辦法的事。不過，就算用到了紅卡，當父母**使勁大聲責罵孩子，越是大聲越無法將你的想法傳達給孩子知道，做家長的只覺得罵孩子罵到筋疲力盡，卻一點效果也沒有，如果可以的話，最好盡量不要讓自己陷入紅卡的情緒裡。**

※針對藍卡再說明，本書是依照一般的育兒書編排，把藍卡放在最前面，怕大家會誤解成是作者說：「只要照著這八張卡的方法做就沒問題。」所以在此先做申明。這八張藍卡的八個方法，是從眾多的基本親子相處因應方法中，選出「練習容易、使用機會多、成效顯而易見的方法」，其他還有許多重要的方法。

我要再次提醒，並不是「只要照這八個方法做，親子關係就不再劍拔弩張」，親子關係需要持續且連貫的陪伴與相處，也不要排除其他可以讓關係變好的作法。

只是打好基礎很重要，先針對這部分來練習，建立起良好的溝通，這就是我的想法。

第1章

告訴孩子替代行為

「你要做〇〇」

這個~
啊！
才一轉身，他又想壓烏賊的眼睛！
我一定要阻止他
可是，又不想在公共場合大聲罵他……
怎麼做才好…
小修、現在馬上收回你的手
嚇到
還是罵人了!?

前置說明終於結束，要真正練習了。**首先練習第一張藍卡「告知替代行為」**。

當你希望孩子做出符合你期待的行為，請清楚告知孩子「行為」的作法，孩子會容易理解與體會。

譬如你可以這麼說：「你剛剛做了●●」、「●●是不好的行為」。

接下來再更進一步，**當你發現孩子出現問題行為時，不是對他說：「不要做●●」，而是對他說：「你可以這麼做」，用肯定的語氣告訴孩子替代行為，他會更容易理解。**

「你要這麼做▲▲」、「就這麼做▲▲吧！」——只要這樣對孩子說就可以。

實際練習看看！

那麼，實際練習看看吧！

從現在開始，將進入這本書的特有型態。在「零吼罵育兒八策」講座中，也是不斷地練習與實際體驗。各位若能透過本書實際練習、印象訓練的話，應該能獲得與參加講座相同的效果。

所以，不要只是閱讀看過去就算了，請實際活動你的身體，實際說出來（不方便的話，就在心裡說），一定要真的練習。

一開始會有點不好意思，但沒關係，放心做吧！

現在我會給各位三個指示，請盡量聽從指示。動起來吧！我們開始。

「請不要坐著！」

「請不要閉上嘴巴！」

「請不要做出奇怪的姿勢！」

各位感覺如何呢？

第一個指示的「請不要坐著！」，應該是在指示行為，可是卻覺得很難理解。各位應該也有一瞬間覺得迷惑才對。「不要坐著？咦？難道要站著嗎？」

我在講座下達這個指示時，反應快的受講者是一臉疑惑地站起來，反應慢的人過三秒後也站起來。而且每個人都是環顧四周，觀察其他人的反應，同時帶著不安的表情站起來。

那麼，為什麼大家會覺得很難理解這個指示呢？因為它是用「請不要●●」的否定形語氣來下指示。

請看「育兒八策卡片」。紅卡中有一張卡片為「否定」。所謂否定就是只給孩子「現在你在做的事不准做」的指令，所以孩子沒有「那麼，我該怎麼做才好？」的思考空間。對大人下達否定指示時，大人都會覺得疑惑，更何況是孩子呢？他需要更多時間去思考該怎麼做，也可能無法馬上有回應。

總之，否定形的指示會讓人難以理解。所以，「請不要做●●」的否定形，就是讓家長在管教孩子時會掉入身心俱疲的陷阱。

另一方面，「請做▲▲」的肯定說法，就是將「該怎麼做」的情報直接說出來，聽者馬上就能懂得說話者的意思。**「請站起來」的指示會比「請不要坐著」的指示，聽起來更簡單明瞭。**

接著，我下的第三個指示「請不要做出奇怪的姿勢」是「做奇怪姿勢」的曖昧說話方式與否定語氣的組合。

請看紅卡。有一張「詞意不明」的卡片。**詞意不明的曖昧說話方式雖然表面上對話是成立的，但是內容卻無法清楚傳達**，這也是危險的說話方式。

假設你的孩子跟你去超市，他在超市裡跑來跑去，於是你把他抓住對他說。

媽媽：「你給我乖一點！知道嗎？」
孩子：「好。」

「給我乖一點」是什麼意思？孩子雖然回應「好」，但是他明白怎樣的行為是「乖一點」嗎？這樣的指示很不安全。

媽媽跟孩子各自的想法無從得知。不過，上述的對話顯示「給我乖一點」→「好」的約定已經成立了，再來如果孩子的行為沒有符合母親的期待，媽媽會生氣地說：「剛剛不是叫你『乖一點』！你皮給我繃緊一點！」（「你皮給我繃緊一點」也是曖昧的說話方式）。

回歸正題，這個「請不要做出奇怪的姿勢」是詞意不明與否定形的說話方式組合，當然讓聽者更難理解。在講座下達這個指示時，受講者都感到迷惑，思緒混亂，陸續有人做出「什麼意思」的困惑表情或姿勢。

因此，當孩子出現問題行為，要予以提醒的話，要用「做▲▲」的肯定語氣，清楚告訴他「替代行為」。

練習時間！

那麼，來練習看看。請配合各種情境設定，說出「做▲▲」。在心裡默念也可以，但如果可以，最好發出聲音說。所謂練習，就是要用身體來記憶。

接下來練習部分出場的孩子名叫太郎，年齡設定在四歲。

※**這本書的主要內容為基本管教方法的練習**。也就是說，首先是基礎練習。不涉及「如果在我家，這件事不會罵小孩」的價值觀問題，只是基礎練習而已。因此，可能會有與各位的家庭價值觀或家規不合的時候，請不要在意，請從「假設遇到那種情況，該如何使用標題的因應方法」的觀點來基礎練習。

即使各位的孩子是小學生、中學生的年紀，基礎練習還是一樣重要，請一邊回想「也曾有過那種事啊」的情況，一邊練習。**練習愈多，各位與孩子相處的因應能力絕對也會成等比上升。**

這種情況下該說什麼？1

在購物推車上站起來！

今天跟四歲的太郎去超市。因為太郎說「想坐購物車」，媽媽跟他說：「想坐的話，要乖喔！」於是就讓太郎坐上購物車。可是，來到蔬菜區時，太郎坐不住了，想從購物車上站起來。這時候看到太郎從購物車站起來，很危險，要告訴他替代行為。

那麼，簡潔明白地告訴太郎「做▲▲」的替代行為，你該說什麼呢？

「藍卡」的提示

當各位看到P59的答案時，或許會覺得「未免太容易了吧」，甚至懷疑其效果。不過，請想像一下。假設各位沒有看過之前本書的說明，在日常生活中發生「活潑調皮的四歲兒子從購物車上站起來」的事件時，你會怎麼說呢？

接著，請看紅卡。以下是否正是你的心聲呢？

「你在幹嘛！不要站起來！給我乖一點！昨天不是也跟你說了嗎？要我說幾遍才懂？你是故意嗎？你沒有乖乖，不買餅乾給你了。你再不聽話，就把你丟在這裡，我自己回家。你知不知道從購物車上掉下去會怎樣嗎？小孩子的頭很重，會從頭著地跌下去。頭受傷了是很嚴重的事。你又想去醫院嗎？去醫院的話，就不能去公園玩了。」

我憑著想像，洋洋灑灑寫了這麼多，一下子就讓八張紅卡的情緒佔據你的心。好可怕！

就如前述，總是會不假思索就說出紅卡的內容。紅卡內容並不是「不能說」，但因為孩子聽了難以理解，就算父母使勁使用紅卡內容來管教孩子，最後很可能徒勞無功，只是換來身心俱疲的下場。因此，多使用孩子理解度高的藍卡方法來因應。

此外，現在的情況下，媽媽就算告訴孩子「坐下來」，孩子會說：「我知道」，然後乖乖坐好的可能性當然也不高。因為孩子本來抵抗心就很強。

不過，告訴孩子「坐下來」，總比對孩子說：「你在搞什麼！」，他更清楚自己該怎麼做。只要改變說話方式，就能親子關係更圓滿的話，一開始就直接說：「坐下來」絕對有利。

這麼說就OK

「請你坐下來。」

※「這麼說就ＯＫ」是答案範例，你的答案只要方向性一致就沒問題。沒有所謂的「唯一答案」，所以請不要太拘泥細節。

這種情況下該說什麼？2 看到零嘴賣場就用跑的衝過去！

接續1的情況。媽媽把太郎從購物車抱下來。太郎一下來，馬上朝零嘴賣場衝過去。假設這時候媽媽把太郎抓住，冷靜地告訴他「做▲▲」。
那麼媽媽要說什麼呢？有好幾個選項，你想到什麼就說，不要猶豫。

「藍卡」的提示

如前述，本書是基礎練習，不觸及價值觀，這種情況下告訴孩子「做▲▲」就可。

這麼說就OK

「進到店裡要用走的。」
「走在媽媽旁邊。」
「想看零食的話，要跟媽媽說：『我想去零食區』。」

接下來是有點難度的練習。因為有難度，想不出好的答案的話，也請不要在意。

這種情況下該說什麼？3

去賣場時會按壓烏賊的眼睛玩！

媽媽繼續跟太郎逛超市，來到海產區。太郎趁媽媽離開一下時，伸出手慢慢地按壓已裝袋的烏賊眼睛。雖然沒有毀損傷品，保鮮膜也沒有變形。

這時候先不論對錯，簡單明瞭告訴太郎「做▲▲」，清楚告訴他替代行為，你會說什麼呢？

「藍卡」的提示

這道練習題確實有難度。就算在專門講座，就算詢問專家，可能只想出「不要碰」的答案。在日常生活中，確實有許多時候無法馬上將「做▲▲」的替代行為說出口。

不過，沒關係。在一般的講座中，只要練習兩次、三次，媽媽們也就習慣，會清楚說出替代行為。所以，**就算現在無法馬上想出替代行為，也不要太懊惱**。只要多多練習和實踐。

另一方面，請一定要知道，像現在這個案例，**只告訴孩子「不要做●●」，孩子很難理**

解你所期待的是什麼。

父母沒有告訴孩子「下次要▲▲」的替代行為，只對他說「不要碰」。不表示孩子接受父母的訓誨，並清楚理解「好的，下次我只要靜靜在一旁看，不要伸手摸。」

當父母告訴孩子「不要碰」，孩子也回答「好」，但是他還是不知道該採取什麼樣的替代行為，下次很可能再出現同樣的問題行為。

請在孩子出現問題行為時，對他說：「你的行為不對。下次要這麼做▲▲」，這樣的說法簡潔，孩子也能馬上聽懂。

雖然還有「告知理由」、「讓其反省」等其他選項方法，但是不論如何，「告知替代行為」才是對話的核心。

這麼說就OK

「烏賊只能用看的哦！」
「看商品時，要把雙手擺在身體兩邊。」
「用眼睛專注看好了～」
「想摸的話，要問店員阿姨可以摸摸看看嗎？」等等

這種情況下該說什麼？4

用腳趾頭操作遙控器！

太郎坐在客廳地板上看電視。
他想換頻道，用腳趾頭按著擺在地板上的遙控器按鍵。
這時候媽媽看到了，要對太郎說：「做▲▲」。那麼，媽媽該怎麼說呢？

這麼說就OK

「請用手按遙控器。」
「想按遙控器，要用手去按喔！」

這種情況下該說什麼？5

堅持要端餐盤！

媽媽和太郎兩人去了速食店。媽媽點了漢堡套餐，當媽媽拿了放餐點的餐盤時，身旁的太郎發言說：「我要拿餐盤！」

站在媽媽的立場認為，讓太郎端著擺了果汁的餐盤危險，所以跟太郎說：「餐盤媽媽拿就好！」可是，太郎仍堅持要端餐盤，媽媽只好把太郎拉到角落。

現在的時間是離峰時刻，沒什麼客人，可以冷靜地跟孩子溝通。

那麼，媽媽要告知太郎「做▲▲」的替代行為，請問媽媽該說什麼呢？

「藍卡」的提示

希望媽媽善用太郎想幫忙的這份心意。與其使用紅卡內容斥責太郎「不可以」或「不要任性」，更期待媽媽能肯定告知替代行為「做▲▲」。

因此，從下一次開始，每次去速食店媽媽就先安排好太郎的工作，不僅媽媽輕鬆，也能訓練太郎自立的能力。比方說，如果手裡東西多，又要照顧太郎的弟弟或妹妹的話，讓太郎幫忙拿餐盤或找位置、用餐後幫忙收拾的話，媽媽會輕鬆不少。期待孩子能自己做事的話，平常就要訓練。

在訓練的過程中，孩子也有可能越幫越忙，但是多讓太郎幫忙的話，對媽媽和太郎的未來而言，都是一件「值得且划算的投資」。

這麼說就OK

「餐盤媽媽負責拿，太郎跟著媽媽走，請你負責找位置。」
「那麼，果汁媽媽拿。然後餐盤給太郎端。」
「現在媽媽拿餐盤，等一下用完餐收拾時，就由太郎把餐盤放回去。」

在這個例子，除了告知孩子「替代行為」，也可以跟孩子一起做選擇，先約定好「以後孩子負責的工作」。

○親子約定的範例

媽媽：「（吃著漢堡說）太郎啊，以後也是媽媽拿果汁，你端餐盤。還有，找位子的工作也交給你喔，可以嗎？」

太郎：「好啊！」

媽媽：「那麼，太郎就負責端餐盤和找位子囉！」

太郎：「好！」

像這樣先跟孩子約定好的話，孩子會清楚知道「在這裡就是要這麼做」，當孩子照做時，能得到父母的褒獎，孩子會更想做出符合父母期待的行為。於是，父母吼罵孩子的次數也會跟著減少。

所以，第一張藍卡的方法就是「告知替代行為」。為了減少和避免紅卡的情況發生，明確跟孩子說「做▲▲」，清楚告知替代行為非常重要。

每個人說話方式都略有差異。要以孩子容易理解的內容跟他溝通，並引導孩子做出你所期待的行為，讓彼此都輕鬆。

順便提一下，前面提到「要行為告知」或「提示替代行為」的方法，也有好幾位育兒相關專家提出類似的論述，這就證明這個方法是正確的，可是，很少**有人告訴父母可以善用這個方法。**

育兒知識與方法很多，卻沒能傳遞到需要的人手上，產生這樣的斷層，實在讓人惋惜。

第2章 和孩子一起做做看

「那麼，媽媽和你一起做做看」

接下來是第二張藍卡「一起做做看」的練習。

這個練習也不難。**在告知孩子「替代行為」後，再加一個「那麼，我們一起做做看」的步驟就可。**

「一起做做看」的方法，有以下兩個選項可選。

1 一起練習

事前「一起練習」。

假設你的孩子不擅長道歉，當你跟孩子說：「這時候你要說『對不起』，跟人家道歉」，告訴他替代行為以後，再對孩子說：「**來，你試著對媽媽說一次『對不起』。對對，就是這樣，你會說對不起嘛！**」跟孩子一起事前練習。

2 正式上場

這個案例是正式上場了。

「這時候你要說『對不起』。現在跟媽媽一起去找姊姊，向姊姊說『對不起』。」

具體告訴孩子「替代行為」固然重要，但是只有言語，傳達的效力有限，所以要實際跟**孩子一起練習或正式做一次看看**。

○範例

媽媽帶太郎洗澡，兩人來到浴室。平常太郎脫了衣服後，就把衣服丟在浴室地板上，然後很開心地跳進浴缸裡。

今天太郎也是想邊泡澡邊玩玩具，脫了衣服一丟，就跳進浴缸裡。

媽媽心想，是時候教太郎把脫掉的衣服整理好的時候，於是對太郎說。

媽媽：「太郎，脫下來的衣服要放在那個籃子裡。」

太郎：「好～快點進浴缸！今天要玩船呢！」

那麼，各位覺得在這個情況下，太郎會把脫下的衣服放進籃子裡的可能性是高還是低？

太郎可能會乖乖照做，也可能做不到。真的不太有把握。

所以，才要跟孩子一起做做看。讓孩子知道該怎麼做。

媽媽：「太郎，衣服脫好了，要放進那個籃子裡。那麼，現在媽媽就跟你一起做做看，好不好？首先，把身上衣服全脫了，對，就是這樣。很好，是的，放進籃子裡。你辦到了，做得很好，真厲害。」

身教比起言教，更容易讓孩子記住，同時也能增進親子感情，讓親子的成功體驗再加分。

此外，親子一起做，比起讓孩子自己一個人做，更不會出錯，更安全。身為父母的人，如果教過孩子了，孩子還是做錯的話，難免也會生氣而責罵孩子，一起做就能避免這種情況發生。

○範例：沒有一起做的話……

媽媽：「太郎，媽媽去拿你要換穿的衣服，這時候你先脫下衣服，把衣服放進那個籃子裡，等媽媽來喔！」

太郎：「好！」

↓媽媽回到浴室，看見脫下的衣服散落在地板上。

媽媽：「太郎，要我說幾遍你才懂啊！」

還是親子一起做比較保險，而且有建設性效果，孩子比較容易記住。家長或許會覺得麻煩，但這是一種投資。為了讓孩子真的學會，事前父母要小心應對，如果孩子辦到了，別忘記要稱讚他，可以提高他往後成功機率。**從結果來看，這麼做也能一點一滴累積家長的管教效果，還能促使孩子學習自立。**

實際做做看的話，父母同時也能確認他教孩子的事，孩子能做到什麼樣的程度。

父母總是認為「這樣的程度孩子應該辦得到吧」，所以就下達許多指示，可是，一旦實際做了，掀開蓋子以後，常常會出現「時機尚早」的結果。

當正式登場、孩子辦不到時，父母難免會覺得焦慮，但如果有經歷事前實際做過的階段，就會知道「時機尚早」，先等等再說。

○每個動作都實際做做看的例子

媽媽：「尿尿完，要沖水，蓋上馬桶蓋，關上廁所門，關燈，再離開。來，媽媽跟你一起做做看吧！」

太郎：「沖水，關門……，再來呢？」

媽媽：「（啊，我有點太心急了……）來，我們一個一個步驟做做看。」

那麼，各位也一起來做「一起做做看」的練習吧！

練習時間！

這種情況下該說什麼？1

眼看可能會在帳篷入口處跌倒

今天是太郎一家人露營初登場。

媽媽看了一眼帳篷入口，預感「慘了，我們家的太郎好像會跌倒……」

為什麼媽媽會這麼想呢？因為怕沙子或泥土跑進帳篷裡，帳篷入口處會比地面高出大約十至二十公分。媽媽猜想興奮的太郎會跑著進帳篷，他不曉得入口處比較高，到時候一定會跌倒。

因此，媽媽要告訴太郎「你要▲▲」的「替代行為」，並且跟太郎「一起實際做做看」。

那麼，請依照上述流程來練習。

①「告知替代行為」↓

②「一起做做看」↓

「藍卡」的提示

「一起做做看」的練習其實很簡單。告訴孩子「替代行為」後，馬上跟他一起做做看就可。因為帳篷就在眼前，馬上就會走到入口處，所以就「正式上場」，一起挑戰看看。

這個帳篷入口的例子是以我的親身經歷為範例。我兩個孩子六歲和四歲時，第一次買了帳篷，我看到帳篷入口處比較高，當時就想「我家兩個寶貝會跌倒吧！」所以我當場叮嚀他們：「你們可能會在帳篷門口跌倒，所以要用走的進去。」兩個人都精神飽滿地回答：「好！」

可是呢，才剛說好，兩個人就在帳篷門口跌倒，摔進帳篷裡……

雖然簡單具體告訴孩子該怎麼做很重要，但若只是口頭說，他們還是不太能理解。還有，就算孩子認真聽著父母的話，也努力理解，但有時候光憑孩子的智力，還是無法完全理解。所以呢，不要怕麻煩，請和孩子「一起做做看」。

這麼說就OK

①「要用走的進去帳篷，要跨過這裡，走進去。」
②「那麼，跟媽媽一起做一次。」
（媽媽跟太郎一起走進帳篷，或者在一旁守護，看著太郎走進帳篷（※））

※依實際狀況，「一起做做看」可能會變成「在一旁看著孩子做」。

這種情況下該說什麼？2 每次都不洗手！

最近太郎外出回到家，常常都不洗手。

今天也是一樣，外出逛街回來，就從玄關直接進入客，玩玩具。

那麼，請抓住在客廳玩耍的太郎，告訴他「替代行為」，並跟他「一起做做看」。

①「告知替代行為」→
②「一起做做看」→

「藍卡」的提示

這次的「一起做做看」例子會介紹「簡單版」與「叮嚀版」兩種。雖然叮嚀版的效果較好，但比較費事。

兩種版本視情況分類使用，第一次的話使用叮嚀版，偶爾出現問題時選用簡單版，問題持續的話，再重新使用叮嚀版。

至於叮嚀版的訣竅在於，從孩子回到家到洗手的過程中，每個步驟家長都要跟孩子「一起做做看」。

各位透過本書實際練習後，實踐度會提升，同樣地，孩子也會透過實況練習過程，加深印象，並用身體記住，提高成功率。

這麼說
就OK

①「從外面回來的時候，要先洗手喔！」

②〔簡單版〕「來，我們一起去浴室洗手。」

〔叮嚀版〕「來，我們先到玄關外面。好了，進玄關說：『我回來了』。對，就是這樣。脫鞋子，走去浴室。好，洗手吧！」

這種情況下該說什麼？3

只要看卡通節目，就會過嗨

太郎每次看電視，就會從沙發上跳下來，走到電視前面。

今天也是看他喜歡的英雄類卡通，當英雄出場時，他就會走到電視機前面。

這時候請告訴太郎「替代行為」，並跟他「一起做做看」（太郎會忘神地看著電視，不理媽媽，不過，將情況設定為「為了可以看電視，太郎會乖乖聽媽媽的話。」）

①「告知替代行為」↓

②「一起做看」↓

這麼說就OK

①「太郎，看電視要坐在沙發上看。」

②「來，坐在沙發上。」

這種情況下該說什麼？4

撐傘方式很奇怪，身體都會淋濕

因為下著小雨，媽媽和太郎撐傘走著。

太郎總是拿不穩傘，傘老是歪一邊或傾一側，甚至於橫著撐傘，把身體都淋濕了。

那麼，請告訴太郎「替代行為」，並跟他「一起做做看」。

①「告知替代行為」↓

②「一起做做看」↓

「藍卡」的提示

這個例子是「直接一起做，會比用說的更能讓孩子理解」的最佳範例。

與其努力跟孩子說明撐傘的方法，若跟孩子一起做出口述的動作「傘擺在身體前面！直立拿著！來，你做做看。再稍微偏這邊，直立拿著，對，就是這樣，很好！」孩子比較容易理解，媽媽也能輕鬆教會孩子撐傘，不需要費盡唇舌。

這麼說
就OK

①「傘擺在身體前面，直立拿著。」
②「來，做做看。」

第3章

展現同理心

「媽媽知道你現在想〇〇」

媽媽，我想養蛇！
你說什麼？你要養身體滑溜溜、抓不住的蛇當寵物？
不行！
我要養，我想養！
唉呀呀…這時候啊…
我該怎麼回話呢……
媽媽要養貓鼬！
シャー——！
好啊！
寵物監護人戰爭！

第三張藍卡是「表示同理心」。

育兒講座或育兒書籍常提到「要貼近孩子的心情」、「要站在孩子的立場思考」之類大家耳熟能詳的理論，第三張卡片就是將這個理論化為具體行動的方法。

「表示同理心」有「同感」與「複誦」兩個方法。

1 同感──「你想〇〇，我知道」

想表示你懂孩子的想法，就對孩子說：「你想〇〇吧」或「媽媽知道你的感受」，表示你理解孩子的心情。

●體驗「同感」

現在，正閱讀本書的各位要把自己當成小孩子，你現在的角色是小孩子。把自己當成小孩子，就能體會到孩子的觀點，從孩子視角出發。

各位現在是太郎。請一定要把自己當成四歲的太郎。媽媽的朋友送了一小盒生乳酪起司蛋糕。點心時間到了，媽媽和太郎一起分享了這盒蛋糕。因為太美味了，一下子就吃完了，只預留一塊給爸爸。結果太郎竟然想把最後這一塊也吃下肚。

在此，各位都扮演太郎的角色。媽媽要對各位表示同理心。各位化身為太郎，從太郎的視角來想像當時的情況，並請出聲慢慢唸出下一頁的粗體字部分。

雖然太郎現在鬧彆扭，還是希望各位以同理心來實際體會太郎的情緒。那麼，開始吧！

太郎：「我想再吃生乳酪蛋糕！」

媽媽：「嗯，媽媽懂你的心情，你想吃嘛！可是，那塊蛋糕是要留給爸爸的～來，把垃圾收一收。」

太郎：「我想把爸爸的份也吃了！」

媽媽：「我知道你想吃，因為實在太美味了。」

太郎：「人家要吃啦！」

媽媽：「我知道你想吃，媽媽知道。」

太郎：「想吃啦！」

媽媽：「是啊，會想吃啊。可是，那是爸爸的份，要收起來。」

太郎：「我想吃啦！」

媽媽：「想吃嘛！那麼，我們一起把它收進冰箱裡。」

太郎：「………。（不甘願地將起司蛋糕放進冰箱）」

媽媽：「太郎好棒！媽媽抱一下！」

現在，多少能體會到媽媽有釋出同理心的小孩子心情了吧？當媽媽釋出同理心，小孩子自己會覺得「啊，媽媽多少了解我的心情，算了，就聽她的吧！」

在我舉辦的講座，會讓受講者兩人一組，且都扮演過媽媽和孩子的角色。事後我會問大家：「當你扮演孩子時，對於扮演媽媽的那個人，會有『就聽她的話吧』的想法的人，請舉手。」結果，約有八至九成的人舉手。比例未免太高了吧？但事實就是如此。

不論大人或小孩，都討厭聽到別人對自己說「不可以」或行為遭制止，可是，如果在事前感受到對方的同理心，就會想「我就聽從對方的話吧！」

因此，**在你要對孩子下達禁止命令時，或要斥責他的時候，先對他釋出同理心，再進入主題的話，身為父母的你就不會陷入管教孩子很累的負面想法中。**不過，也有可能你的孩子很固執，怎麼說都不聽。

剛剛的釋出同理心的方法，也適用於非育兒範疇的領域。

比方說人際相處，常會聽到有人這麼說：「如果對方告訴你：『我現在很煩惱』時，你就釋出同理心，體會『煩惱的心情』就可以。相較於解決煩惱的問題、努力為對方分析原因，釋出同理心反而才是對方想要的。」

商業類書籍也有提到釋出同理心的方法，在處理客訴的內訓課程中，也有提到表示同理心的應對方法。

※有時候就算釋出同理心，事情也不見得能解決。像這個「想再吃生巧克力」的例子，媽媽一直複誦「想吃」這句話，可能會加深太郎想吃的意念。

其他的藍卡方法也是一樣，不是遇到任何情況都可以改善問題，所以要請你多多挑戰，摸索出適合你家庭情況的方法。

先使用藍卡的方法看看，有效果的話，就繼續使用。藍卡的方法是從一直以來公認重要的育兒方法中所挑選的，不可能「完全無效」，不過，「用與不用」、「如何使用」，全憑各位來決定。

我能做的就是提供各位可以多多使用藍卡的練習機會。

2 複誦──直接說「你想〇〇啊！」

如果情況不適合對孩子釋出同理心的話，建議使用複誦的方法。

複誦很簡單。對於孩子說「要〇〇」時，就重複他的話「你要〇〇嘛」。

比方說，孩子說「想去公園玩」，你們準備要出門了，可是在玄關時，孩子冒出一句「不要穿鞋子」，如果能釋出同理心，就是「媽媽知道你不想穿鞋子」，但如果無法與孩子同理心，就複誦「不要穿鞋子啊！」

像鸚鵡學人講話，將孩子說的話再說一遍。

「不要穿鞋子」→「不要穿鞋子啊！」

複誦的話，等於你接住了孩子的話，同時還能給你些許時間思考「該如何回話」，讓親子溝通順暢。

而且，複誦孩子的話，至少能讓你從孩子的視角來看待事情。

○範例

媽媽：「不要穿鞋子啊，這樣啊……（太郎還不會自己穿鞋子，所以感到焦慮，才會這麼說吧？）」

此外，複誦的話，也可以降低講錯話的機率。

○範例

●沒有複誦，媽媽不假思索還擊的例子

太郎：「我不要穿鞋子！」

媽媽：「你說什麼！是你說要去公園玩的，才幫你準備鞋子的！」

● 複誦而有了思考時間的例子
太郎：「我不要穿鞋子！」
媽媽：「不穿鞋子啊……這樣啊！（嗯，這下子我該怎麼做好呢？）」

有一點請注意，複誦時若加入媽媽的感情，就會演變成紅卡的「厭惡」的情況，所以不要帶絲毫情緒，口氣平淡地直接複誦就可。

○範例：帶入感情的複誦
媽媽：「什麼，你不想穿鞋子！」

情況就是這樣。藍卡與紅卡的差異只是一線之隔。帶入些許感情的話，說話語氣會變得嚴厲。光是這樣就會讓親子之間的溝通陷入紅卡的情況。太可怕了，要拿捏也困難。

不過，不用擔心。只要練習，就能有所改變。

在時間和心情都游刃有餘的情況下再去做！

各位應該也有察覺到了，本書所記載的方法，只能在時間和心情都寬裕的情況下實施。

在忙碌的早晨，還剩十分鐘就得出門了，可是孩子早餐還沒吃完，衣服也沒換好。妳自己也還沒梳妝，眉毛只畫一半。這時候，孩子不識趣地說：「不想吃飯，想吃巧克力。」這種情況下，不可能還慢吞吞地釋出同理心、複誦孩子的話「媽媽知道你想吃巧克力」。

你一定是當場發飆。

因此，**請只在時間和心情都寬裕的情況下，使用本書的方法來練習。**

當孩子出現問題行為時，父母有「這時候要採用哪張藍卡呢？看來要花點時間，不過，還是試一試，看看是否行得通」的想法時，就是實踐的好時機。

當實踐以後，「告知孩子」→「孩子照做」→「稱讚結束」的步驟體驗愈多，親子之間就會習慣這樣的正面溝通，就算在忙碌的早上時光，也能一一拆招。

不是馬上就有明顯的改變，而是要一點一滴慢慢累積成功的親子相處體驗。

就算用了藍卡，問題仍無法順利解決的情況非常多，就算問題沒有解決，也不必在意。更不用反省或後悔。只要確實做了，在過程中成功機率就會提升。

遇到本書封面插畫所畫的情況時，就這麼說吧！

這麼說
就OK

「媽媽知道你想趕快玩遊戲。可是，在玩遊戲前，要先把睡衣穿好。」

練習時間！

「表示同理心」的練習很簡單，趕快來練習看看吧！

這種情況下該說什麼？1

吵著想養狗

媽媽和太郎外出購物，途中經過寵物店，進去看了店裡的狗和貓。太郎很喜歡動物，剛好今天店裡有隻非常可愛的幼犬，於是跟媽媽吵著「我一定要養這隻狗！」

媽媽也覺得太郎看上的那隻幼犬很可愛，但理智告訴她：「如果要養的話，狗籠要放哪裡？」於是下定決心「……現在還不是養寵物的好時機！」

在這樣的情況下，媽媽要釋出同理心，跟太郎說：「該回家了。」那麼，你該如何釋出同理心（「媽媽知道你想～」）呢？

這麼說
就OK

「媽媽知道牠很可愛。」
「媽媽懂太郎的心，你想養這隻小小狗嘛！」
「真的好可愛，讓人想養牠。」

說完剛剛釋出同理心的話語後，再加一句「我們該回家了」，就是以下的情況。

「媽媽知道這隻小狗狗很可愛。對了……我們該回家了吧？嗯～真的好可愛。來，牽著媽媽的手。」

這種情況下該說什麼？2

這次想養倉鼠

繼續1的練習。今天也照太郎的要求，來到了寵物店。

因為太郎乖乖地陪媽媽逛街，為了回報，媽媽不得已答應他來逛他心愛的寵物店。

可是，每次來寵物店，就會嚷嚷：「我想養這個！」這次也不出所料，變成「我想養這隻倉鼠！」

這次跟上次吵著養小小狗不一樣，很激動，而且執念一定要養。而且，太郎還提出好理由：「倉鼠比狗便宜，而且不佔空間，也比狗好照顧，也可以養在幼稚園，我可以自己照顧牠。」

媽媽並不是不懂太郎的想法。

那麼，就正式來吧！面對不願妥協，堅持要養倉鼠的太郎，在媽媽告知「不養倉鼠」之前，要先釋出同理心，對他說：「我知道你要～」，該如何開口呢？

「藍卡」的提示

媽媽對太郎釋出同理心，並將體會到的心情說出口，如此一來，媽媽多少也能站在太郎立場來思考。

雖然媽媽心知「不論是狗還是倉鼠，家裡都不可能養」，但還是說出「媽媽知道太郎在幼稚園看見了學校養的倉鼠，所以也想養倉鼠」的話語，同時媽媽也會想起兒時的事：「我小時候也曾像太郎這樣，要求媽媽讓我養鸚鵡。」

在這個例子，如果是稍微有同理心的話，會說：「很可愛啊！」之類表面化同理心回應。如果深有同感的話，就會說：「媽媽知道，太郎想○○的心情」，這時候就會演變成「我懂你為何會那麼想，你的心情我完全理解」的情況。

如果孩子很堅持，一直吵的話，就算對他釋出同理心，身為父母的你仍是要堅持你的意念，不能讓步。這時候就說：「媽媽理解你的心情。可是，現在已經○○，該○○了。」

釋出同理心接受孩子的心情，但同時你心意要堅定，不能有所動搖。

這麼說就OK

「媽媽知道太郎想養倉鼠。」

「媽媽知道你想養倉鼠。因為他比狗小，看起來比較好養。」

「這樣啊，因為太郎在幼稚園看到倉鼠，覺得自己也可以照顧好倉鼠，所以想養牠，媽媽懂你的心。」

這種情況下該說什麼？3
竟然說想養蛇？

依舊是情況2的續集。

今天媽媽和太郎又來到寵物店。在店裡逛了一圈，該回家的時候，太郎突然冒出一句「想養這個」，媽媽抬頭一看，竟然是蛇。

太郎知道媽媽怕蛇，也曉得媽媽會買蛇讓他養的可能性很低，所以他小聲地跟媽媽說：「媽媽，我想養蛇。」

媽媽對於蛇完全無法釋出同理心，太郎也清楚媽媽的想法，這時候媽媽就複誦說：「想○○啊」，先接受太郎的心情，再對他說：「我們該回家了。」

所以，對於太郎「媽媽，我想養蛇」的要求，請試著複誦一次。

「藍卡」的提示

無法試出同理心時，就複誦孩子的話。

這麼說就OK

「想養蛇啊！」

再加一句「我們該回家了」，對話情況如下所示。

太郎：「媽媽，我想養蛇。」

媽媽：「想養蛇啊！可是媽媽會怕蛇，而且我們家也不適合養蛇。好了，我們該回家了。」

這種情況下該說什麼？4

把餅乾弄碎

寵物店的話題結束了，現在是家裡的點心時間。

今天太郎的點心裝在塑膠盒裡，盒裡有許多小餅乾。只要一搖盒子，盒裡的餅乾就會碰撞在一起，發出聲響，於是，太郎忍不住就搖了盒子。

媽媽認為食物不能拿來玩，平常就會注意太郎的舉動。今天太郎則趁媽媽視線稍離的剎那，搖動盒子。可是，就在媽媽回到太郎身邊的時候，盒蓋打開了，餅乾屑飛散一地。

不可思議地，媽媽異常冷靜，這種情況下，太郎錯誤應對的話，媽媽可能會大暴走。假設這一刻媽媽是正向思考：「（餅乾掉了，撿起來就好，餅乾屑散落一地這件事，應該能讓他知道以後不可以把食物拿來玩。）」

此時，太郎一臉歉意地說：「我把餅乾弄碎了。」

那麼，練習開始了。先冷靜下來，再對太郎說：「不能把點心當玩具玩吧！餅乾都弄碎了吧！」這時候只要先複誦就好，不要再多說話。

請針對「把餅乾弄碎了」這句話「複誦」一次。

「藍卡」的提示

這時候的複誦，表示你採取了接受太郎心意的態度，還能避免紅卡的情況發生，同時又能為自己爭取到如何使用藍卡方法的思考時間。

如果運氣好，事情發展如所述的話，先深呼吸一下，再跟太郎一起撿起餅乾，並順便對他說明為什麼不能把食物拿來玩的理由。

當然，不是每次的問題都能像這樣應對解決。但只要能提升解決機率就好。

這麼說就OK

「是啊……你把餅乾弄碎了……（接下來該如何因應呢？）」

如果，在看到餅乾屑飛散一地的瞬間，以紅卡來因應的話，可能會是如以下的情況。

媽媽：「你在做什麼！所以我才會說，不要搖餅乾！為什麼聽不懂啊？」
太郎：「我沒有搖。」
媽媽：「你明明就搖了。不要說謊！」

以紅卡來因應，口氣就會變成在責備孩子，因而引導出孩子的反抗心理。如果再以紅卡因應孩子的反抗心理，只會陷入無解的惡性循環。

其實像這個例子，眼看媽媽即將發飆時，可以將藍卡（特殊卡）的「等待」、「冷靜」、「**提問．傾聽．思考**」的三個方法組合應用。

透過同理心與複誦來表示「理解心情」，就能提高親子雙方都往正面想的可能性。比方說孩子會想「我要聽媽媽的話」，媽媽也會想「孩子是不是不再調皮了」。

此外，即使媽媽用了紅卡，讓氣氛變得緊張時，只要用了「表示同理心」這個方法，還是能緩和氣氛，讓事情朝正面發展。

只要說「我知道你想〇〇」、「你想〇〇」，就可以輕鬆使用其他藍卡的方法，這麼好用的方法，如果不用，真的太可惜了。

綜合練習（簡易版）

要開始正式練習囉！「零吼罵育兒八策」的奧秘就在於「綜合練習」！

請將之前學到的「告知替代行為」、「一起做做看」、「表示同理心」三張卡片組合活用並練習。

雖說要綜合練習，但請不用擔憂或緊張，目前仍是簡易版的練習。

外出用餐，車子在停車場停好後，就一個人衝進店裡

太郎一家人開著車去迴轉壽司店用餐。在停車場停好車後，全家人正要朝店門口走去時，超喜歡吃迴轉壽司的太郎太興奮了，竟然自己一個人先走了。

媽媽認為「四歲的小孩子太小，不可以一個人走在停車場」，於是她抓住太郎，想告訴他在停車場的規矩。

因為太郎只是比家人先走一步，還不至於把場面弄得很緊張。所以媽媽可以冷靜地說。

假設要依「表示同理心」、「告知替代行為」、「一起做做看」的順序來教導孩子，你該如何做呢？

實際練習非常重要，請務必出聲，嘗試扮演太郎的媽媽。

①「表示同理心」↓

②「告知替代行為」↓

③「一起做做看」↓

「藍卡」的提示

各位練習得如何呢？畢竟只是舉例，在講座時，筆者和參加的媽媽們常會角色扮演，在演練過程中，經常出現的說法，會納入為「這麼說就ＯＫ」的內容：可是，每個家庭的實際情況都不同，請不要太拘泥細節。只要有使用藍卡就ＯＫ。

接下來的練習中，關於「表示同理心」的部分，沒有一定的提示，釋出同理心和複誦兩個方法，想使用哪一個都行。記住「能釋出同理心就釋出」、「無法釋出同理心就複誦」的原則。

這麼說就OK

①「媽媽知道你想趕快吃到壽司。」
②「可是呢，停車場是危險的地方，你要牽著媽媽的手一起走。」
③「來，牽著媽媽的手一起走進店裡吧！」

話要簡潔有重點！

在此有件事請注意。筆者會像這樣根據練習內容來指定藍卡的選項或順序，這麼做的目的純粹是為了提升練習的效率，而便宜行事做了指定。

在實際情況下，**可依各位的自由意志選擇藍卡和順序**，你覺得難以使用的部分不使用也沒關係。至於藍卡的使用數目，只有一張也可以，五張都用也行。只要是配合每個家庭的狀況來使用就沒問題。

此外，在講座常會有這樣的情況，練習初期大家都會想「要說得仔細」，於是就會出現下一個例子的情況，說話內容太冗長。

○說話內容太冗長而難以理解的例子

媽媽：「太郎！太郎！停車場來來往往車子多，你自己一個人走很危險。」

太郎：「嗯。」
媽媽：「……太郎！停車場有很多車子，非常危險。你剛剛做了什麼？」
太郎：「我自己先走開了。」
媽媽：「是啊，你自己先走開了，會發生什麼事呢？」
太郎：「？」
媽媽：「媽媽知道，你想趕快吃到壽司。可是呢，太郎自己先走開，萬一車子突然開過來，媽媽沒辦法馬上去救你，你可能會被車子撞。所以，在爸爸和媽媽都認同你可以一個人在停車場走之前，記住在停車場要牽著媽媽的手一起走。」

上述的對話有用到「同理心」和「替代行為」兩張卡片，但因為說話內容太長，孩子不易聽懂。在講座課程，筆者經常扮演孩子的角色，每次聽到這麼長的內容，扮演孩子的我中途會集中力分散，把話聽完的耐心也會跟著降低。

紅卡有一張是「冗長的說明」。想讓對方明瞭聽懂，話要簡短是重點，所以請試著簡短發言。

再附加說明，這個例子的開頭對話內容是以「停車場來來往往車子多，很危險」→「嗯」來安排，此處也有一點須注意。

從媽媽的立場來看，她打算在「很危險」的後面接「所以要跟媽媽一起走」這句話，可是最後卻把「一起走」這句話省略了。省略以後，孩子會認為「因為危險，所以我會努力注意四周是否有車子經過」，以為媽媽也贊同他一個人走，只要小心就好了。

藍卡的方法是在沒有省略的情形下，將內容簡潔傳達。

這種情況下該說什麼？2

老想操作觸控面板

延續迴轉壽司的例子。

進到店裡，媽媽要操作櫃檯的點餐面板時，太郎出聲說：「讓我按！」因為沒有其他客人，媽媽就抱起太郎讓他操作。可是，太郎完全不聽媽媽說明，就自己開始亂按螢幕上的按鍵。

這時候媽媽沒有生氣，她先把太郎放下來，教太郎如何操作。

那麼，若依「表示同理心」→「告知替代行為」→「一起做做看」的順序來因應，你會如何處理呢？

①「表示同理心」↓

②「告知替代行為」↓

③「一起做做看」↓

這麼說就OK

①「你想按按鍵吧！」

②「當媽媽說：『按這裡』時，你就按下去。」

③「那麼，我們再一起做一次看看。」

這種情況下該說什麼？3

每次都這樣，「我還不想回家」

媽媽跟太郎去公園。今天因為出門時間晚了點，所以在公園玩耍的時間比平常短。到了要回家的時間，媽媽叫了太郎，太郎卻反抗地說：「還不想回家！」今天媽媽的心情和時間都算寬裕，而且太郎也睡了午覺，點心也吃過了，狀況良好。

因此，媽媽心裡想：「好吧，就算要花點時間也沒關係，我想對太郎釋出同理心，取得他的理解與認可，再帶他回家。」

因此，請用心體會太郎還不想回家的心情，希望能達到稱讚太郎「太郎好棒，可以忍耐不玩，跟媽媽回家，你真了不起！」的結果，來跟太郎對話。

請出聲練習（這次是以太郎與媽媽在對話的形式練習）。

太郎：「我還不想回家！」

媽媽：①〔表示同理心〕＆〔告知替代行為〕↓

太郎：「我還想玩！」

媽媽：②〔表示同理心〕↓

太郎：「我想玩盪鞦韆！」

媽媽：③〔表示同理心〕＆〔告知替代行為〕↓

太郎：「我想玩嘛……」

媽媽：④〔表示同理心〕＆〔告知替代行為〕↓

太郎：「知道了，回家吧……」

媽媽：⑤〔稱讚〕↓

這麼說
就OK

太郎：「我還不想回家！」
媽媽：①「你還想玩啊，媽媽知道你的心情，可是，時間到了該回去囉！」
太郎：「我還想玩！」
媽媽：②「嗯，媽媽知道你還想玩。」
太郎：「我想玩盪鞦韆！」
媽媽：③「是的，媽媽知道你喜歡玩盪鞦韆，可是，今天我們該回家了。」
太郎：「我想玩嘛……」
媽媽：④「媽媽知道你想玩。來，今天該回家了。」
太郎：「知道了，回家吧……」
媽媽：⑤「太郎好棒！可以忍著不玩，跟媽媽回家，真的了不起！」

你願意釋出極大的同理心和耐心嗎？你可能會想：「真的可以這麼順利解決嗎？」不必擔心，順利解決的可能性一定會提升。但是很有可能只有一些，你甚至不太能感受到當中些許的差異。

此外，如果這次的交涉沒有成功，最後是硬抱起大哭的太郎回家，對親子關係造成的傷害，也比你直接使用紅卡來得更低，而且，親子之間又多了一次正向溝通的經驗。

如此一來，親子關係會轉好，下次出現問題時，你的勝率又能提高。總之，只使用藍卡，不管當時的交涉順利或不順利，都能對未來造成良好的影響。這是個很棒的經驗。

不論如何，先實際做做看，身為家長的你會發現自己有許多想法。在講座的「回顧時間」，參加的家長也會提出自己的各種想法，一起討論。

因此，就算覺得麻煩，就算你覺得被騙，也先照著藍卡的方法實踐看看。先做就對了。

再提醒一下，前面的例子設定情況是太郎已經睡了午覺，也吃了點心，他的心情是好的。這一點很重要。就算我們多麼努力使用藍卡方法來解決問題，但如果孩子是在「疲累」、「想睡」、「肚子餓」的狀態下，我們是無法贏得了的。如果孩子處於上述狀態，你就要乾脆地放棄，不要跟他交涉。有時候認輸也是必要的。先練習、後實踐，有三勝七敗或四勝六敗的結果，就該滿足了。

衣服全脫光，只剩一件內褲玩得很開心……

轉換一下心情吧！這次試著採用「紅卡」與孩子交涉。這樣的交涉應該是大家最擅長的吧！（笑）

媽媽和太郎去玩沙子，回到了家。媽媽準備幫身上滿是沙子的太郎洗澡，到家門口時，媽媽叫太郎「在玄關等著」，然後她走進家裡，準備洗澡的事。

媽媽趕緊打開浴缸的水龍頭放熱水，又收拾散落在浴室裡的待洗衣物，然後要來玄關接太郎進來……，結果沒看見太郎。這時媽媽發現客廳傳來聲響，走到客廳看，太郎脫下滿佈沙子的衣服，丟在沙發上，只穿一件內褲在玩玩具。

那麼，請瞄一下「紅卡」，再用紅卡的方法斥責太郎看看。在此並沒有指定要使用哪張紅卡或使用順序，依你喜歡的使用，請以符合紅卡的情緒來發言。試試看吧！

【交涉例（紅卡）】

「太郎，你在幹嘛？不要再鬧了。我剛剛跟你說了什麼？你是不是故意的？下次再也不帶你去玩沙子了。為什麼就是不聽話呢？你就這麼想惹媽媽生氣嗎？這樣子沙發不是會滿是沙子嗎？這下子該怎麼案？你有想過是誰在打掃嗎？」

相較於藍卡，使用紅卡簡單多了。因為我們平常就是使用紅卡來管教孩子，所以這方面的技術水準當然使用的非常順手。

不過，別擔心。**藍卡也是一樣，透過練習和實踐，就能提高使用技巧。**在練習與實踐的過程中，你就能駕輕就熟地使用藍卡！

那麼，正式上場了。

妳叫太郎「乖乖待在玄關等」，可是他沒有聽話，跑進客廳，脫下滿是沙子的衣服丟在沙發上，然後就玩起了玩具，請用藍卡來與這樣的太郎交涉。好，開始了。

①〔表示同理心〕↓
②〔告知替代行為〕↓
③〔一起做做看〕↓

這麼說就OK

①「太郎，媽媽知道你想玩玩具。」
②「媽媽告訴你『在玄關等著』，你就要乖乖站在玄關等媽媽。」
③「好，我們回到玄關（一起走到玄關）。
媽媽再說一遍：『在玄關等著』。
對，就是這樣站著等媽媽。
好了，媽媽現在抱你進浴室。」

這個例子的重點是「在玄關等著」。當然也有其他的重點選項，譬如「脫下滿是沙的衣服要放在哪裡？」或「在玄關等得不耐煩時該如何做？」等等。選擇哪個選項，這是價值觀的問題，哪一個都可以。

想要強調的是「一次只教導一項行為」。當然也可能因情況而可以一次教導兩個或三個行為：可是，一次教導孩子多項行為，就算他嘴裡說：「知道了」，但其實對他來說要吸收的情報量過多，只是嘴巴說知道，其實並不理解為什麼要這麼做。

譬如，就會出現以下的情形。

媽媽：「太郎，媽媽說『在玄關等著』，你就要乖乖站在玄關等媽媽。還有，你把滿是沙子的衣服脫了。脫下的衣服要小心地拿給媽媽。如果你在玄關等得不耐煩了，要叫媽媽出來。」

太郎：「知道了！」

從父母立場來看，會覺得自己只是在給孩子一般的說明，等你實際在一旁觀察孩子的反應，應該會感到不安，心想：「我會不會一下子說太多了，他無法吸收……」。

在日常生活中常會出現父母管教孩子的場面，沒有一次一股腦全教會也沒關係。一個一個慢慢來。

此外，也有很多時候雖然細心地使用藍卡來交涉，結果依舊不佳。這時候，不必因結果不好而反省，你應該更有自信，因為你確實採用藍卡方法，實踐了正面的交涉過程，請給「努力過的自己」一個讚。因為，對父母本身和孩子而言，這樣的交涉過程是值得加分的。

這種情況下該說什麼？5

把黏土塗抹在冰箱上……

媽媽看見太郎安靜地待在廚房裡，覺得事有蹊蹺。走進廚房一看，太郎把百圓商店買的黏土抹在冰箱外面。

媽媽問太郎：「你在做什麼？」太郎回答：「我在貼黏土。」

這種情況媽媽不可能不動氣，可是，因為無法對太郎的行為釋出同理心，就從複誦開啟交涉。

那麼，請練習吧！

①〔表示同理心（複誦）〕↓

②〔告知替代行為〕↓

③〔一起做做看〕↓

「藍卡」的提示

無法釋出同理心的時候，就「複誦」吧！只要把孩子說的話重複說一次就可。

這麼說就OK

①「在貼黏土啊！」

②「要玩黏土，要在桌上玩。先把黏土收回盒子裡。」

③「來，把黏土收回盒子裡。對，就是這樣，我們到桌上玩。」

第4章

情境製造

距離、視線、刺激

第四張藍卡是「**製造情境**」。

與孩子交談的內容固然重要，但是從另一個角度來看，**製造情境讓孩子更容易理解父母的話也很重要**。就算父母的話多麼容易理解，如果周遭環境不佳，孩子就無法集中精神傾聽。沒有妥善製造情境，結果親子可能都會陷入困境。

各位可能也看過其他家長在不適當的情境下，很用力地責備孩子，當時你心裡應該是這麼想的：「這樣不行啦，在這種情況下，孩子是聽不懂的……」比方說，人潮多又吵雜的玩具專賣區或小兒科的候診室，就是不佳的環境。

因此，要製造情境讓孩子容易聽懂父母的話，其實方法很簡單。

1〔距離〕——盡量靠近孩子

- 理想距離是伸手可觸及的距離（距離遠危險）

2〔視線〕——配合孩子的視線高度，說話時要彼此看著對方的眼睛

- 要配合孩子的視線，整個人蹲下來或半蹲（站著講話，會讓孩子有壓迫感）

- 努力整理環境，直到孩子看著父母的眼睛傾聽

3〔刺激〕——減少對孩子視覺或聽覺的無謂刺激

- 以冷靜的語氣說
- 更換地點，改變孩子的注意力

常見這樣的例子，在廚房準備飯菜的媽媽對著在客廳玩火車玩具的孩子背影叫著：「飯做好了！玩具收一收，吃飯了！」並不是說媽媽這樣的行為不對。不過，很難將話語傳達至孩子心中。現在一一審視距離、視線、刺激三要素是否符合標準。

1 距離

媽媽所在的廚房與在客廳玩的孩子距離至少有數公尺遠，不算近，屬於遠距離。

距離遠的話，媽媽的聲音可能無法傳達到孩子耳邊，大聲說話會讓孩子以為在罵他而緊

張，讓彼此的溝通陷入困難，結果是媽媽感到累。

2 視線

孩子背對著媽媽，專心玩玩具。背對面的交談，會讓溝通困難。大人的世界觀認為：「就算對著背影說話，只要聲音有傳到，也可以對話。」可是，如果溝通對象是孩子，溝通難度立刻提升。

3 刺激

流水聲或風扇的聲音都會造成干擾，害得孩子聽不見媽媽的聲音，也無法集中精神傾聽媽媽的話。此外，孩子此時的注意力都在手中的玩具上面，如果像電車之類會發出走動聲音的玩具，也會分散孩子的注意力。

上述情況都具備的話，就如以下所述，媽媽註定是「打敗仗」。

- 因為距離遠，為了讓孩子聽到，媽媽大聲對著孩子叫好幾次。
- 因為大聲叫，媽媽以為：「都這麼大聲叫了，應該聽得到。」
- 但是事實上，孩子根本沒聽到媽媽的聲音。
- 因此，媽媽就急了，以更高的分貝呼叫，這時候雖然孩子聽到媽媽的聲音，但是媽媽夾雜不悅情緒的高分貝呼叫，讓孩子也跟著緊張起來，孩子忍不住生氣地回答：「等一下啦！」
- 這下子媽媽被激怒了。「你說什麼？要我『等一下』？我叫了你好幾聲，你完全無視，這是什麼意思？不要的話，以後都不用吃飯了！」紅卡的情況炸開了。可是，在媽媽罵的最激烈的時候，電車玩具突然發出「颯～」的聲音，馬上吸引孩子注意力，視線又回到電車身上。媽媽更氣了。（好可怕……）

在這個例子，媽媽並沒有錯。只是情境不對。錯只有一個，就是環境不利。說來遺憾，就算我們跟環境一決勝負，依舊贏不了。

那麼，該怎麼辦才好？答案就是「營造傳話順暢的環境」或「打造對的環境」，以上就是我們能做的。

那麼，現在就針對這個例子來打造對的環境之同時，與孩子交涉，來確認事情會如何進展。

- 媽媽在廚房做飯。真的辛苦了，很盡責的媽媽。
- 孩子在玩玩具。這時候，「製造情境」的卡片要出場了。
- 首先是「距離」。遠距離是危險因素，就算你覺得「距離遠是沒辦法的事」，還是要走到孩子身邊。

● 接著是「視線」。媽媽要蹲下來。配合孩子的視線高度，叫一聲「太郎」，讓太郎看著你，彼此要四目相視。

● 最後是「刺激」。以冷靜沉著的聲音對孩子說：「飯好了，把玩具收一收吧！」如果電車還在走動，先將玩具開關關掉，再對孩子說。玩具進入孩子視野會變成刺激因子，所以不能讓玩具進入孩子的視野，要改變孩子的注意力方向，再跟他對話。

各位懂了嗎？可能看完後你會覺得：「真是麻煩。一定要做到這種程度嗎？」是的，就是要做到這種程度。不過，請再思考看看以下情況。

A　沒有打造情境，直接吃敗仗的例子（極端例子）

未在意環境情況，直球交涉。

↓媽媽努力使用藍卡的方法，告訴孩子：「該收玩具了」、「媽媽知道你還想玩」，可是孩子無法集中注意力，傾聽媽媽的話，導致親子都很焦慮。
↓結果，媽媽很生氣。

B 不怕麻煩的例子

雖然覺得麻煩，媽媽還是從廚房走到孩子身邊，並試著蹲下來與他說話。
↓孩子看到媽媽說：「啊，要吃飯了嗎？……知道了。」雖然有點不情願，還是開始收拾玩具。
↓媽媽看見了，稱厭他：「哇，真乖！那麼，媽媽也跟你一起收拾，趕快開飯。」
交涉結束。

看了標題，各位覺得哪個例子比較輕鬆呢？有收穫呢？打造情境確實是件麻煩事。可是我認為，還是選擇這個方法比較有利。

當然也不保證打造情境，就能擁有百分百成功率。可是，只要稍微挪移腳步，走到孩子

身邊，配合孩子視線與之交涉，就能稍微提升成功率，這樣不是很划算？

此外，也許有人對於這個例子有這樣的疑問：「將在行走的電車玩具關掉，這個行為不是會刺激到孩子，反而更拗呢？」沒錯，能察覺到這一點的你真是思考敏銳！這樣的情況確實會發生。

為了打造情境，是需要讓移動的玩具靜止或關掉電視。然而這些行為可能成為刺激因子，又衍生多餘的問題。不過可以肯定的是，在玩具走動、開著電視的情況下跟孩子交涉，註定失敗。那麼，怎麼辦呢？

很抱歉，沒有特別的秘技。你要沉穩地、自然地將開關關掉。對孩子釋出同理心，告訴他：「媽媽知道你想看電視，可是，現在媽媽有話跟你說，所以要關掉電視。」然後沉穩地關掉電視。

方法就是這樣。

不過，在這種時候，父母一定也很焦慮，有可能會帶著挑撥的念頭關掉電視。這樣的行為好像在說：「叫你都沒有回應！是你不對！真是氣死人（怒氣沖沖地關掉電視）。」練習做做看不須付費，所以請嘗試實踐看看。**態度沉穩和緩地將開關關掉。這樣就可以。想讓孩子體悟：「這是家規，必須遵守」的現實，只能靠平時日日持續練習「關了電視再跟孩子交談」的方法。**

在講座中，有不少的家長回饋：「態度沉穩和緩關電視後，很意外地孩子並沒有再吵鬧。」雖然不見得每次都行得通，但請先嘗試看看。如果問題能圓滿解決，豈不皆大歡喜？

其實對大人而言，打造環境也是很重要的。在「育兒八策」的講座課程中，也會發生各種突發狀況，比方說：

- 在一旁集中托育的幼兒發現媽媽，就趴在教室的窗戶看媽媽上課。
- 蟬停在教室的紗窗上，還使勁力氣鳴叫。

• 在教室旁邊的公園，聽到其他的家長在大聲吼罵孩子。

一旦有上述情況，正在上課的家長注意力就會被分散。即便是成人，當眼睛或耳朵接收到意外的刺激，也會忍不住地將注意力轉移到刺激因素上。更何況是小孩子呢？

絕對能提升成功率的方法「情境製造」

現在是快樂的特別練習時間！

如前所述。這次的練習就算是自己一個人練習，也會覺得有點不好意思。萬一被人看見了，真的很糗。不過，正因為這樣效果更佳。

首先設定狀況。媽媽和太郎去超商購物。購物完畢，要搭電扶梯時，太郎緊抱著擺在通路旁的扭蛋機，不肯離身。媽媽只好坐在扭蛋機旁邊的板凳等他，過了幾分鐘後，再對太郎說：「該回家了。」

1 擔任媽媽角色的人，其實是坐在家裡的椅子。
2 在距離大家兩、三公尺遠的地方，想像現在「太郎雙眼正盯著扭蛋機看」。
3 你從椅子起身，朝幻想的太郎位置走過去，蹲下身配合他的視線，以沉穩的聲音說：「太郎，該回家了！」

在上講座課時，大家可以開心笑著完成練習，可是身為讀者的各位只有自己一個人，要開心練習很難。不過，沒關係，大家都可以獨立自主練習。

可以了嗎？實踐起來很簡單。從椅子起身，走到太郎身邊，蹲下來與其視線相對，以沉穩的聲音說：**「太郎，該回家了！」**。只要做這些就可。

那麼，正式開始了。請先確認四周有沒有人。好了，請開始。

為了謹慎起見，練習一次後，請再重複練習一次。如果練習得很順利，再不厭其煩地練習五遍至六遍，請重複練習。

這樣的練習跟學體育或音樂一樣。**反複練習的話，身體會記住動作，然後就能自然地表現出行為。**這樣重複練習，等面臨實際情況時，就會展現效果。在受講者的回饋意見中，常見到這樣的內容。

○媽媽要出聲叫孩子時，須注意「要走到孩子身邊，並蹲下來與他對視」。
↓雖然心裡想：「還要這麼麻煩！」但還是照做，走到孩子身邊
↓蹲下來，跟孩子說話
↓溝通出乎意外地順暢
↓媽媽驚訝地發現：「只是這樣做，溝通就變順暢了。」

這個並不是所謂的「魔法技」。其實是育兒書籍或育兒講座常見的一般方法而已。儘管效果不是太強，但是「製造情境」的方法確實能提高成功率。

所以，托兒所或幼稚園老師都會確實地蹲下來跟小朋友對話。他們真的偉大。一天裡不曉得要蹲下來幾次，不愧是專家。不過，這些專家並沒有將這個育兒小撇步傳授給家長，實在可惜。

練習時間！

這種情況下該說什麼？1

在媽媽朋友家，跟其他小朋友吵架

媽媽和太郎去媽媽的朋友家玩。除了媽媽和太郎，還來了好幾對親子組，非常熱鬧。太郎開心地跟其他小朋友在客廳玩，可是，突然他心愛的新幹線玩具被其他小朋友搶走，太郎生氣地把對方壓在地上。

現在請思考製造情境的方法。雖然現在太郎看起來有點焦躁，但如果細心交涉，他應該能聽得下去。旁邊有其他小朋友在玩耍。

為了打造適當的交談環境，媽媽該把太郎帶去哪裡，且該如何與他溝通呢？

這時候有許多選項。請把你想到的答案列出來。

「藍卡」的提示

選項有很多，所以不用太拘泥細節。

正式上場時要視情況，隨機應變對話。孩子正玩得開心，要把他帶離客廳，他可能會更鬧脾氣，為了彼此冷靜對話，直接把孩子帶到玄關外面可能是不錯的方法。

多練習幾次，就能找到適合每個孩子或情況的方法。

關於對話環境，有個重點請牢記。前面也有提及，我們永遠無法贏過環境。譬如要跟在捷運裡跟鬧脾氣的孩子溝通的話，難度很高。因為四周人很多，車廂內又有廣播，窗外景色一直流動變化，捷運也會搖晃。媽媽也會在意周遭人的眼光，會覺得壓力很大。這時候即使採用藍卡跟孩子溝通，孩子也會被許多事情吸引而無法集中精神。

此外，就算下車了，環境也不見得有利，車站月台也是人多，又有列車來來往往，還有廣播的聲音，都不能算是適當的環境。這時候，你就要有放棄跟孩子溝通的勇氣。

要管教孩子，又要避免困擾到身邊的人，可是，從「當場留意孩子的行為，並予管教」的觀點來看，絕對不能有絲毫的勉強，不可以硬要做。當你覺得「在這種時候教他，他也聽不進去吧！」的話，或許只能忍耐，事後再說。

演變成這樣，錯不在媽媽，也不在孩子。是環境不允許。

如果當場進行溝通沒問題，就當場教導結束，這是最理想的情況。可是，很多時候是現實環境不允許進行溝通、管教，孩子無法集中精神聽媽媽說教。

請記住還有「當場先放棄，就這樣算了，事後等環境適合了，再重新教導孩子」的選項。事後總會有好幾次的管教機會，不需要在艱難環境下，堅持一次解決。

如果是環境所致，各位也不必要把責任攬在自己身上。「啊，因為環境緣故，現在沒辦法溝通。回到家以後，再教孩子，一起練習吧！」——你只要這麼想就可以。

同樣地，當車子在行進中，兄弟兩個在後面的座位吵嘴的例子，也會受環境限制，不適合當場管教。

如果可以停車，你停好車後，就可以訓示兩兄弟。如果沒辦法停車，只能一邊開車，一邊對他們口頭警告。

雖然無法完全溝通，但環境導致你只能眼看前方，口頭提點坐在後面的孩子。這時候，如果一直想辦法要把不可能變可能的話，只會讓你倍感壓力，所以乾脆放棄。一切都是環境的錯。

這麼說就OK

- **把太郎帶到客廳角落，調整太郎的視線方向——「不能讓他看到其他的小朋友，所以只能跟媽媽一起面壁站著」，然後媽媽蹲著說話。**
- **跟太郎來到走廊或玄關，遠離吵雜的環境。兩人坐著交談。**

這種情況下該說什麼？2

不知何時購物推車裡竟多了一包高價起司！

媽媽和太郎去超市購物。媽媽推著購物車，太郎不知從哪裡拿了一個台幣三百多塊的外國進口起士塊，悄悄放進購物車裡。

最近常發生這樣的事。太郎老是任意拿取想要的商品，問都沒問就放進購物車裡。因此，媽媽便叫住太郎，準備教導他。

那麼，這個就是問題了。要跟正在超市購物的太郎溝通，以下的三重點該如何調整呢？

①距離↓

②視線↓

③刺激↓

「藍卡」的提示

一般人的生活中，超市是經常光顧的場所。不過，要在超市內打造讓孩子集中注意力聽媽媽說話的環境，難度甚高。如果是尚未開始購物的情況，把孩子帶到店門口、樓梯或電梯大廳的話，比較容易打造適當的環境，但如果是在購物中，選項就變少了。

而且，如果是在人潮最多時段的美食區，那就更難了。我也常在午休時間，到附近的購物中心美食區用餐，真的是刺激綜合體，到處充斥著刺激因子。人很多，點的餐做好了，點餐鈴就會叫，還有不知從何處傳來的孩子哭聲，餐桌旁擺了好幾台扭蛋機，隔壁併設的電玩中心一直傳來聲響……。

如果孩子在這種場合做了問題行為，就算當場有指正，也會想等一下用完餐後，再把孩子拉到附近的樓梯或電梯大廳，重新指正他，所以無法好好用餐，只好點一碗拉麵，匆匆忙忙用餐。

這麼說就OK

①・讓太郎站在你觸手可及的位置

②・配合太郎的視線高度蹲下或半蹲，讓太郎看著媽媽的眼睛，跟他說話

③・以冷靜的口吻說

・變換場地

・避開人多的區域

・避開會吸引太郎的零嘴販賣區或海產販賣區

・避開有播放音樂的區域

※筆者認為，調味料、生活雜貨（清潔劑或衛生紙）、文具販賣區是比較適合溝通的場地，不過，適合溝通的環境會因店內陳設或孩子的興趣而有所差異。

這種情況下該說什麼？3

明明叫他要換衣服，卻……

假日早晨八點多，媽媽把待洗衣物放進洗衣機裡。太郎還穿著睡衣，跟妹妹花子（兩歲）在客廳沙發嘻鬧。電視是開著，正播放新聞。因為花子已經換好尿布，所以衣服也換好了。

媽媽想洗太郎穿在身上的睡衣，就從浴室對太郎說：「把睡衣換下來！」說了好幾次，太郎無動於衷，一直在跟妹妹玩。

那麼，在叫太郎換下睡衣之前，該如何營造良好的溝通環境呢？

①距離↓

②視線↓

③刺激↓

「藍卡」的提示

這個例子的溝通環境並不好，加上兄妹都在場，難度更高。除了打造環境，也要想辦法處理花子。

如果沒有這麼做，媽媽想跟太郎說話時，花子可能會加入談話，抑或她的行為會吸引太郎，讓太郎分心，不能集中精神傾聽媽媽的話。

處理其他在場的手足也是一道難題。比方說，媽媽好聲好氣地對花子說：「妳乖乖在這裡玩，不要吵。」花子不見得買帳，而且可能會更刺激她想跟媽媽或太郎交談的意願。

如果爸爸或年紀差很多的哥哥、姊姊剛好也在場的話，可以要求他們「幫忙看一下花子」可是，如果是自己一個人顧小孩的話，就沒辦法請人幫忙，這也是導致媽媽更顯焦慮的原因。

儘管如此，只要成功機率提高些許，也就夠了。就從做得到的部分開始練習看看。順利的話，媽媽的自信心也能因此加增。
總之，請一定要牢記「其他的手足也是麻煩的刺激因子」。

這麼說就OK

①．走到太郎身邊
②．配合坐在沙發上的太郎視線高度，讓太郎看著媽媽眼睛，再跟他交談
③．悄悄地關掉電視
．以冷靜沉穩的聲音說
．讓花子玩玩具。
．調整花子的位置，不要讓她跑進太郎的視野裡

這個例子告訴我們——「打造交談前的環境也很重要」。
只是走到孩子身邊也可以，或者蹲下來跟孩子說話，以沉穩緩和的聲調跟孩子交談都是好方法。
當你實際做過，一定能深刻體會到「真的可以順暢地跟孩子溝通，他都聽話照做了。」

第5章

稱讚孩子「你會〇〇了，真厲害」

現在要進入第五張藍卡「稱讚」。

只要簡單稱讚就可，只要對孩子說：「你做到○○」或「你很努力」就夠了。

在此很唐突地，想問各位一個問題。說真的，當你聽到「要稱讚孩子」的時候，會覺得「彆扭」的人請舉手，來，請舉手。為什麼會覺得彆扭？又有多少人舉手呢？

在講座課堂上，每次問受講者這個問題，約有一半的人會舉手。沒錯，有一半的人舉手。關於育兒資訊，也常提到「稱讚孩子」的話題，甚至多到氾濫的地步，大家一定覺得很膩吧？因為我知道是這樣的情況，在此想針對藍卡的「稱讚」加以說明。

其實，稱讚優於指責！

首先解釋部分常見的誤解。一般說來，育兒專家提到「稱讚孩子」的意義，大家會認為是——「稱讚你的孩子，以正向教養養育一個快樂的孩子」。的確有人是這樣想、這樣做的，我認為這是一件好事。不過，在此我想分享一個更實際的想法——**「為了讓管教變得輕鬆，父母應該要確實且有效率地稱讚孩子。」**

假設每天早上剛起床的孩子一臉睡意，充滿下床氣地不跟家人說早安。你可能會採取一：責備手段，罵他怎麼不會說「早安」；或者你會採取二：用讚美的方式，當孩子說了「早安」時，給予稱讚。

兩者的目的都一樣。但你覺得哪個方法比較有效，父母會比較輕鬆呢？

其實呢，**罵人是一件很困難的事情**。責罵孩子的當下，意味著問題已經出現，這也代表著已經產生實質的傷害，比如說：孩子可能把什麼東西弄髒了、弄壞了，或是浪費時間徒勞無功……等等。

其次，無論是罵人的媽媽或是被罵的孩子，兩人都會抱持不少的負面情緒。孩子可能會鬧脾氣或跟你回嘴，導致媽媽想都沒想就用了紅卡。

這種情況下，除了對孩子說：「剛剛的行為是錯的」，還要告訴他：「下一次你要這麼做」的替代行為，以改變孩子的行為。對於問題行為，我們總會想要當場糾正，然而，這麼做的成功率並不高。

於是，大家都很熟悉的「媽媽心累狀況」就出現了。

- 因為孩子出現問題行為，所以媽媽罵人。
- 孩子反抗媽媽的責罵，還哭了，可是，媽媽依舊罵人，最後孩子說了「對不起」。這時候親子二人都累壞了。
- 可是，孩子還是不曉得自己哪裡錯了，於是問題行為再次出現。
- 媽媽非常生氣地說：「你怎麼又這樣！」
- 沒辦法，媽媽只好比之前更用力地罵人，希望孩子能因此知道自己哪裡錯了（又回到原點，問題完全沒有改善）。

一旦陷入這樣的流程困境，媽媽再怎麼努力，也無法改善狀況，所以她只好更強勢地罵人，真的是惡性循環了。

一旦惡性循環的範圍加大，媽媽就會開始暴走。

● 吼叫般地責罵孩子，大聲斥責。
↓媽媽覺得很累，也討厭自己。「我不想再罵人了。我要改變責備方式。我要重新開機。明天開始不要再生氣，不可以再生氣！」如此認真反省後，想法也變得比較正面。
↓隔天孩子又出現相同的問題行為，媽媽再度發飆！
↓到了晚上，媽媽又覺得自己很討厭（以下省略）

於是「自我討厭」↓「重開機，想自我改變，加油吧」↓「又罵人了」的過程一再循環發生，真的會心累。

為什麼我知道會有這樣的情況呢？因為罵人是很耗心神的。並不是不能罵人，而是責罵教育難度很高。所以，採取責罵教育，成功率不高，而且會讓人感到累。

因此，想以責罵來決勝負，等於註定吃敗仗，效果也不好，那麼，**就採取勝率高的輕鬆方法來決勝負吧！**

其實，稱讚人比罵人容易。稱讚孩子時，**稱讚者的父母和被稱讚的孩子雙方情緒都會轉為正向。**此外，**孩子以後會一直表現他被稱讚的行為，**他會清楚怎麼做才對。所以不需要強迫改變孩子的行為。孩子會得到稱讚，表示他已經會做出那個正確的行為，**以後他再照做的可能性很高。**所以才會說，稱讚的話，勝算比較高。

說到這裡，想問大家會將重點擺在「稱讚」還是「責罵」呢？

※這個例子並不是在否定責罵。在課堂上或在本書中，也會讓大家練習，當問題行為出現時，以責罵（警告、曉喻）因應的練習。

我想說的是，將所有力氣都花在罵人身上，你會很累的。因為很多人都會有這樣的誤解——「稱讚派的講座」＝「零吼罵宣揚講座」，為了謹慎起見，才寫了這段話。

那麼，回歸正題。稱讚的目的，是為了提高孩子好不容易能做到的期望行為可以持續出現的可能性。

於是，孩子正確的自發性行為，出現機率會慢慢提高，就可以以此為跳板，讓孩子表現出高難度的期望行為，如此一來，孩子的自立性提升，父母也覺得輕鬆，孩子也能因此而有所成長，真是一舉兩得。

「稱讚」就是「對行為的回饋」

到目前為止的內容都還順利吧？在講座上，聽眾也是時常點頭表示贊同。可是，當我說：「那麼，請各位開始練習」時，會有好幾個人面露困惑表情，還有，當我鼓勵大家發言時，通常會聽到以下兩種類型的回應：

「我知道稱讚孩子比責罵孩子好，可是……」
↓「誇張的稱讚會顯得不自然，我開不了口。」
「稱讚孩子好像對孩子讓步，我辦不到。」
↓「我的孩子沒有值得稱讚的地方。我要怎麼稱讚他呢？」

因為常會有這兩種誤解，所以我想解釋清楚。

首先，本書所謂的「稱讚」是對於孩子「能做到這樣的行為，希望以後也持續這樣」的**回饋**。如果沒有稱讚孩子，孩子不會知道何者為是、何者為非。

舉個例子好了，假設各位找到新工作，上班第一天在處理不習慣的作業時，如果沒有人告訴你「這樣做是對的」，你心裡一定會感到不安，心想「這麼做可以嗎」而惶惶無助。

能得到回饋，就能清楚掌握自我行為的方向性。

所謂的「稱讚」，並不是「你是不是很棒？喔，我的天使！（抱著孩子一直親他）」之類的誇張方式。

擅長讚美的人，可以誇張些；不擅長的人只要簡潔地說：「你剛剛辦到了」就可以。因為**稱讚是回饋他的行為，所以「稱讚孩子不等於是對孩子讓步」**。

此外，父母稱讚孩子的話，會讓孩子產生自我肯定，也能改善親子關係，好處實在說不完。

※關於「稱讚孩子的方法」，有各種觀點（教養論、技巧論），而且每個觀點認為「重要的部分」及主張都不盡相同。

就算瀏覽網路相關文章或報導，發現「奇怪，這裡說的怎麼跟我以前看過的資料不一樣？」的例子也屢見不鮮。這就是多樣性！

我不評論哪個論述是對的，只要身為父母的你覺得認同且好用的方法，就是好方法。「育兒八策」只針對「基礎部分」練習，不碰觸艱難的部分，其宗旨是**「先挑戰簡單的稱讚練習」**。

孩子值得稱讚的地方很多！

父母常會有這樣的誤解，那就是「我的孩子沒有值得誇口的地方」。

在此，我要先針對這個誤解來做解釋。我的解釋就是：「不須擔心你的孩子沒有值得稱讚之處。稱讚的對象是行為，也就是與問題行為相反的行為。換言之，就是針對『一般行為』稱讚。」

接下來的內容非常重要。

假設太郎去浴室洗手，擠了很多洗手乳。因為沾了太多洗手乳，洗手乳就滴到太郎的手臂，再從手肘處滴到地板上。

在這個例子，太郎的問題行為在於「洗手時，擠了太多的洗手乳」。

那麼，問題來了。在警告太郎的問題行為時，要告知的「替代行為」應該是什麼樣的內容呢？

【答案】

- 洗手乳只要擠適量就好
- 擠洗手乳時，按一次就好

告訴太郎這個「替代行為」，再跟他「一起做做看」的話，教導起來會更容易，也能將你的意思清楚傳達。

再問各位一個問題。

關於太郎擠出太多洗手乳的這個問題行為，要告訴他的「替代行為」（也就是期望行為）就是「洗手乳只要擠出適量就好」。那麼，請問各位，假如你的先生用洗手乳時，當他擠出適量洗手乳來洗手，你是否會認為「這真是了不起的行為啊」？答案當然是不會。因為這個行為**對一個成年人來說，只是基本常識與正常行為**，不會認為是了不起的舉動。

沒錯，這裡有陷阱。

我們會斥責孩子的問題行為。然後，再告訴他替代行為。可是，**我們告訴他的替代行為只不過是「正常行為」**，並不是「了不起的行為」。

為什麼我們會斥責孩子呢？因為他的行為並不一般，如果他持續有那樣的舉動，會對身邊人造成不利或困擾，為了避免這種情況發生，才要告訴孩子「正常行為」。

不過，很遺憾地，因為是「正常行為」，即使孩子聽從父母教誨，努力做到「正常行為」，也就是說他擠出適量洗手乳洗手，在父母眼裡不過是「正常行為」，且認為是理所當然，所以不會特別注意。就算孩子在他們眼前表現了這樣的行為，也很難有所察覺。

於是，就會偏向採用斥責的方式。看到孩子出現問題行為就罵他，即使孩子用心改變行為，也會因為是正常行為，父母沒有察覺到，也就不會稱讚孩子了。於是，越罵越兇，就如前述……「我的孩子沒有值得誇口的地方」。

可是，也不須擔心。因為大家已經心知肚明。問題行為的相反就是期望行為。而期望行為乃是正常行為。

因此，受到稱讚的行為就是正常行為。請稱讚正常行為。在日常生活中，正常行為經常出現，能稱讚的機會自然也不會少的。

問題行為也可藉由「稱讚」而改善

稱讚的最終目的就是改善孩子的行為。

因為是稱讚正常行為，所以只要在日常生活中，對於孩子已經能做到的行為或最近終於能辦到的行為加以稱讚，就能讓孩子表現期望行為的頻率提升，親子關係也會好轉。然後，你要更進一步，在改善孩子問題行為的過程中，積極使用這個稱讚方法。

方法也很簡單，把問題行為當成基準，對於問題行為的相反行為予以稱讚，只要這麼做就可。

當孩子出現問題行為，相反的正常行為就是稱讚的對象。當問題行為出現頻率愈高，就可預期將被稱讚的正常行為次數也會跟著增加。

在責備孩子時，**請先記住「被斥責的問題行為」與「成為新稱讚對象的正常行為」**。覺得自己記性不好的人，建議記錄在手機裡。

因此，**當值得稱讚的正常行為出現時，只要予以稱讚就可以**。很簡單吧？這麼做會發生什麼事呢？**稱讚可以間接降低問題行為發生的機率**。

假設某天要出門，孩子不想坐車上的兒童座椅，結果被媽媽罵。媽媽也因此想到一件事，「最近老是出現這個問題行為，真煩人！」於是，「拖拖拉拉不想坐兒童座椅」的問題行為的相反行為，也就是**「馬上乖乖坐在兒童座椅上」**的這個再普通不過的正常行為，成為值得稱讚的事情。

在這種情況下，媽媽要將「馬上坐在兒童座椅上」的替代行為告知孩子，也要跟孩子「一起做做看」。以後每次乘車時，就要做好心理準備——「當孩子馬上坐在兒童座椅上，就稱讚他。」

孩子辦到了，就予以稱讚。對他說：「你馬上就坐到兒童座椅上呢！」如果不能馬上坐到兒童座椅上，就以平淡的語氣告知他「替代行為」。

重複這麼做，稱讚能達到優異的效率，孩子馬上就坐到兒童座椅的頻率也會漸漸提升。

你會發現如下的成效。

- 稱讚後，「立刻坐到兒童座椅的頻率」略微提升。
- 「立刻坐到兒童座椅的頻率」略微提升的同時，相反行為的「沒有立刻坐到兒童座椅的頻率」會同等減少。

當孩子馬上坐到兒童座椅上時，就稱讚他，最後「不會馬上坐上兒童座椅」的問題行為出現的次數就減少了。

總之，**就算沒有針對問題行為來斥責，只要對孩子做得到的行為加以稱讚，期望行為次數會變多，相對地，問題行為次數會減少。**這樣的效果很驚人吧？

當孩子「收拾玩具的次數」增多時，相對地，「不收玩具的次數」就會減少。因此，要對「收拾玩具」這個正常行為加以稱讚。這麼一來，孩子因不收玩具而被罵的次數也會減少！但實際情況時，問題有可能不會如此簡單就解決，不過解決方針就如上所述。此外，能否察覺正常行為並給予稱讚，也要看各位的心情而定。

我明白各位的想法，因為正常行為太普通了，難免會認為：「咦，這樣也要稱讚嗎？」不用懷疑！**後續會有許多練習，在練習的過程中，大概就會習慣稱讚孩子。**

在練習之前，要習慣稱讚普通習為有兩個重點請牢記，接著說明此二重點。

【重點1】日常生活中也許就已出現「正常行為」

如前所述，一般父母都會在意問題行為而加以責罵，而疏忽正常行為。因此，即使孩子出現正常行為，父母也察覺不到，只在意問題行為，覺得孩子「怎麼老是在出問題」。然而事實上，如果孩子已會做出正常行為，而家長也要改變觀察重點。

假設孩子偷偷拿媽媽的手機看影片，被發現了，媽媽生氣大罵，可是，這時候請你好好想想看，平常孩子會問你可以拿你的手機看影片，若你回答「不行」，孩子就會直接死心；如果你的回答是「可以啊」，孩子會說「謝謝媽媽」，再拿你的手機看影片吧？

如果是這樣，與其用盡全力責罵孩子，倒不如**針對他平常能做到的事加以稱讚，如此一來，稱讚的機會（＝教育的機會）就會變多，親子就能開心溝通**，成效不就提升了嗎？

這個「好好想想看，其實孩子已經能做到正常行為」的發現是非常重要的環節。因此，當你對孩子的問題行為感到憂心，思考「我該怎麼責備他才好呢？」的時候，**請先忍住怒**

意，**嘗試去回想與發現孩子「是否已經能做到正常行為了呢？」**

各位讀者啊，你們的孩子或許已經出現許多正常行為了，抑或他們已經接受你的責罵而改正，表現出正常行為了呢？

重點2　「正常行為」的發生率可能比問題行為高

根據問題行為的類型，孩子「老是出現問題行為」的現象或許並不存在。

比方說父母說孩子「老是大聲說話，吵死了」，然而，每次說話都要持續高分貝發言其實有難度，事實上孩子以一般聲量在說話的時候應該比較多。

覺得孩子說話大聲的父母，會認為孩子「老是大聲說話，很吵」，這種感受我能理解。然而事實上，平常時候以「一般音量說話」的正常行為發生率是比問題行為出現率高。所以，**稱讚孩子的機會隨處可見**。

此外，關於「兄弟老是在吵架，真的吵死了！」的情況，手足待在一起就是在吵架的機率也是極低，不吵架的時候比較多。（所謂「不吵架的時間」並非是指「手足會彼此體貼、和睦相處」的時刻，而是指「只要在一起，就會自然而然互相聊天的時間」。）

因此，請牢記以下內容。

- 斥責（警告、曉喻）問題行為固然重要，然而比斥責效率高的「稱讚」才是更重要，且有成效。
- 日常生活中存在著許多稱讚孩子的機會，如果錯失了，真的可惜。經常稱讚，斥責機會就少了，大家都開心！

情境題！

現在開始情境題。關於到目前為止我一直提倡的「稱讚方法」，想透過情境模擬的方式來確認各位的理解程度。

從前，筆者曾在某場讀書會，從某位幼教老師口中獲悉以下的案例檢討專題。

●幼教老師的專題

我在幼稚園擔任幼教老師，在我的班上有位很聰明的Ａ君。每當大家到庭園遊玩時，他為了能搶到最搶手的遊戲器具，會溜到鞋櫃的地方，偷偷將對手的鞋子移到鞋櫃上方或旁邊。當對手的那個小朋友在找鞋子的時候，Ａ君就會從容不迫地走到最搶手的遊戲器具前。

身為導師的我察覺到Ａ君會把對手的鞋子藏起來，當時我有提點他，並告訴他不要藏別人的鞋子，直接到庭園玩。可是，卻一直無法制止Ａ君的問題行為。上個月偷藏鞋子的次數竟還有三次。我該如何提點他？教育他呢？

對於這個專題，我的提議是：「稱讚他不就能解決問題嗎？」（笑）

接下來，要向大家提問了。

比對手還早走出教室的A君有個「把對手鞋子藏起來」的問題行為。為了減少問題行為發生，該對A君的那種行為加以稱讚呢？

能即時說出答案的人對「育兒八策」的理解度堪稱最高。如何呢？知道答案了嗎？我給各位一些提示——稱讚的行為乃是問題行為的相反行為。很單純，就只是與問題行為相反的行為。以及，正常行為在多數的場合就已經發生了。而且，出現的頻率可能很高。那麼，各位有何想法呢？是不是已經知道答案了？

最後，再給一個超級大的提示。擔任導師的幼教老師這麼說：「上個月A君偷藏鞋子的次數竟還有三次」。

只有三次？那麼，以外的時間A君是怎樣的行為表現呢？因此，答案就出現了。

A 君值得稱讚的行為就是——「不藏對手鞋子，直接走到庭園玩」。

因為「上個月偷藏鞋子的次數竟有三次」，會讓人以為藏鞋子的日子與下雨以外的十幾天裡，A 君並不會藏鞋子。因此，在這樣的日子稱讚 A 君就對了。稱讚的時候別忘了告訴他：**「A 君，你有聽老師的話，沒有藏其他同學的鞋子，而是直接走到外面玩。你真的很棒！」**

為什麼要在此出模擬情境給大家呢？光聽「稱讚正常行為」這句話的說明，聽完大家都會說：「啊，就是這樣啊」，似乎聽懂了，然而一旦實際去做時，卻是非常困難。因為我們**不易察覺到正常行為**。

而這個案例的幼教老師也完全掉進了這樣的陷阱。老師很在意 A 君藏鞋子的問題行為，每天都仔細觀察走出教室後的 A 君行為；不過，A 君沒藏同學鞋子就走到庭園時，因為這樣的動作「過於正常」，老師並未看到，反而很清楚看到 A 君藏鞋子時的樣子，所以就提點他，叫他別再這樣。

且老師的教誨似乎也有成果，因為A君不藏同學鞋子、直接走到庭園的機率確實較高。

這位幼教老師是一位資深的優秀老師，偶爾也還是會掉進陷阱裡，更何況是育兒新鮮人的各位呢？在一般的家長講座或專家講座也會玩這個模擬情境，但正確回答率約有三成，所以各位就算講不出正確答案，也不須在意。

不用擔心！只要練習，大家都可以變成「藍卡腦」。

那麼，再回到剛才的話題，在此出兩道簡單的情境題。

〔簡單情境1〕一洗好澡就光著身子跑掉，要追著他擦身體、穿衣服

每次洗好澡，太郎就光著身子跑掉，要追著他擦身體，穿褲子，真的是件辛苦事。十年後再回想這件事，可能會面帶微笑吧？但是在最忙碌的育兒時期，碰到這種事真的會讓人發狂。

關於因應方法，有許多選項，比方說當太郎準備跑出去時，就加以注意；或是還在浴缸時就就擦好身體，免得跑掉。不過，這次的解決方法是「針對已經發生的正常行為的稱讚作戰」。

那麼，要出題了。為了減少「走出浴缸後就跑掉」的問題行為發生率，而稱讚太郎的某個正常行為，那麼，該稱讚什麼樣的行為呢？

【答案】

走出浴缸後，乖乖站著等媽媽擦身體、穿衣服

這時候太郎可能是記得媽媽說過「洗好澡從浴缸出來時，要乖乖待著等媽媽擦身體」，才乖乖待著，也可能他並不記得了，而是剛好那次乖乖在浴室待著，但不管是哪種情況，當太郎乖乖等著時，就要予以稱讚。因為太郎做到了媽媽教過他的期望行為。

然後，當「走出浴缸後會乖乖待著」的普通行為次數增加的話，相對地「走出浴缸後就跑走」的問題行為次數就會減少。

稱讚的話，問題行為就會減少，媽媽罵人的次數會減少，這樣的話不是很好嗎？

那麼，現在要稱讚洗好澡後，走出浴缸乖乖待著的太郎，該說什麼好呢？

【答案】

「洗好澡後會乖乖待著，太郎真棒！」

「謝謝你，幫了媽媽很大的忙！」

「太郎真棒，真乖！」等等

稱讚方式有很多種，但是請語氣簡潔、輕鬆地稱讚。也許你的答案和表現跟我不同，但只要方向一致就沒問題。

有件事要先提醒大家，比起只說稱讚的話，如果能再加一句「洗好澡後有乖乖待著呢」，**將孩子做到的行為以言語描述一次的話，孩子會更明白你要他做到的期望行為是什麼。**只說「你做到了」或「你很棒」的讚美言語固然容易，但很意外地，有時候孩子並不清楚自己是做了什麼事而被稱讚。好比剛剛的洗澡例子，太郎被媽媽稱讚「你很棒、做到了」很開心，所以就回了媽媽一聲「嗯」，可是，在獲得稱讚前，他努力泡了很久的澡，也活力充沛地唱歌，洗頭髮在沖水時也努力憋氣，在各種行為上他都努力做好，所以他無法明確知道「到底是哪個行為被稱讚」。

既然特地稱讚了孩子，**就該正確回饋地說：「你能做到〇〇，太棒了，下次也要這麼做喔！」**在稱讚時先說「做到〇〇了」，孩子會聽話照做的可能性更高。只是多說一句話，就能讓孩子表現出期望行為的機率變高，絕對值得這麼做。而且，多說一句話又不用付錢。

當然也不是說每次都一定要對孩子說「你做到〇〇了」，如果你重視傳話內容的理解度，就先將孩子做到的行為以言語描述一次，再稱讚他。不過，沒有這麼說也能清楚傳達，想**簡潔稱讚的話，只說「你很棒，不是嗎？」、「你很努力做到了」、「你太棒了」等的稱讚言語也是可以的**，不用太拘泥。

〔簡單情境2〕為什麼水壺裡裝滿沙子？

晚上媽媽正想洗太郎的水壺時，竟從水壺裡面倒出大量的沙子。於是媽媽詢問太郎，太郎回答：「我想試著把幼稚園沙坑裡的沙子裝進水壺裡。」

聽到這樣的回答，媽媽大罵太郎一頓。忍不住紅卡出場了，但還是有特別告訴太郎：「水壺不能裝飲料以外的東西。喝了水壺裡的飲料，喝完了就只要把水壺帶回家就好，不要裝其他東西。」

然後到了翌日的晚上。媽媽又拿了太郎的水壺洗。媽媽懷著忐忑的心將水壺倒著拿，結果並沒有裝沙子。媽媽向太郎確認，確定今天沒有將沙子裝進水壺裡。

那麼，問題來了。媽媽已經確認水壺裡沒有裝沙子，為了往後太郎不再裝異物於水壺裡，該對太郎的哪個行為予以稱讚呢？

【答案】

「沒有將沙子裝進水壺的行為」

「沒有裝沙子在水壺裡，把水壺帶回家的行為」等等

看到答案，你是否在苦笑呢？沒錯，就是**稱讚正常的行為**。

前一天因「把沙子裝進水壺裡」的問題行為被罵，所以**問題行為的相反行為就是稱讚重點**。因此翌日要對「沒裝沙子於水壺，把水壺帶回家」的正常行為來稱讚。如果未加稱讚，就變成只有責備。**稱讚正常行為能督促太郎更快明白水壺的使用方法**，並建立他的自信。

因此，假如數日後媽媽問太郎：「最近你都沒將沙子裝進水壺裡。可以告訴我理由嗎？」

此時若太郎回答：「因為水壺是用來裝飲料，不可以裝沙子。」的話，表示他已經理解水壺的正確使用方式，表示你教育成功，這件事的管教也就完成了。

相較於以吼罵方式來結束管教，以稱讚肯定的方式結束管教，會讓人有事情會朝正面發展的預感。

那麼，要稱讚太郎沒裝沙子在水壺裡，把水壺帶回家的行為，該說什麼好呢？

【答案】
「太郎，你沒有裝沙子在水壺裡，乾淨地帶回家，做得真好！」

就是這樣。請將太郎做到的行為以言語描述，再加以稱讚。還有，在稱讚時，請勿陷入紅卡的「冗長說明」情況中。

假設在這個例子，以冗長說明來稱讚的話，就如以下的感覺。

「太郎，你昨天放了很多沙子在水壺裡，是不是？所以昨天晚上被媽媽罵，告訴你『這麼做是錯的』，你還記得嗎？把沙子放進水壺裡，可能會長細菌，如此一來等下一次太郎用水壺喝水時，肚子可能會痛痛。不過，太郎今天聽媽媽的話做，沒有裝沙子在水壺裡，乾乾淨淨帶回家。」……雖然在稱讚，但是內容太長，反而讓孩子不易明白。

內容簡短才能讓對方容易清楚明瞭，這一點請務地記住。

那麼，模擬情境結束了，要正式練習了。

練習時間！

這種情況下該說什麼？1

吃飽跟大家說：「我吃飽了！」，然後把碗盤拿去廚房♡

吃完飯後，太郎跟大家說：「我吃飽了！」媽媽告訴他：「把碗盤拿到廚房」時，太郎順從地把碗盤拿到廚房。

那麼，請將太郎的行為以言語描述，並稱讚。

「藍卡」的提示

對太郎幫忙把碗盤拿到廚房的行為加以稱讚，當這個行為出現次數變多，可以提高定型的可能性。

這麼說
就OK

「謝謝你幫忙把碗盤拿到廚房。」
「太郎好棒，幫我把碗盤拿到廚房去。」

這種情況下該說什麼？2

今天一呼喚你，馬上就過來♡

媽媽在浴室，對著太郎說：「太郎，過來刷牙囉！」
因為太郎不太喜歡刷牙，常常就算媽媽叫他來刷牙，也不會馬上過來，可是，今天心情很好，
馬上就來到浴室。
那麼，請稱讚太郎。

「藍卡」的提示

在常會出問題的刷牙場合，首先就要針對孩子會自己來到浴室這件事加以稱讚。

之後也許會發生太郎「不張開嘴巴」或「刷到一半就想跑掉」等各種問題，總之孩子能乖乖走到浴室，就值得先稱讚這個行為。如此一來，可提升細節行為的成功率，將「孩子刷牙」這個重大教育計畫導向成功的方向。

而且，這就是專家都很清楚的「小步驟」（Small Step）技巧。小步驟就是將一整個行為拆解為數個小行為，讓每個小行為都能一個一個確實做到的方法。

如果拆解「刷牙」行為，可分解為「到刷牙的場所」、「坐在媽媽膝蓋上」、「張開嘴巴」、「嘴巴維持張開的狀態」、「漱口」等數個行為。

以成人觀點來看，往往會將這些動作看成一個動作，來評斷「能做到、做不到」。但是對孩子來說，障礙指數高，很難達到。結果，就是常被媽媽罵。

因此，小步驟技巧上場了。將細分後的行為一個一個檢視，當孩子能做到就稱讚，做不到就教他。

剛開始針對孩子媽媽一叫，就馬上來浴室的行為稱讚。如果辦不到，就告訴他替代行為「媽媽叫你，就要來浴室」，然後「一起做做看」。接下來能夠「坐到媽媽膝蓋上」……，一個一個步驟按部教導。

以這個方式漸進式教導的話，因為每個動作都是細微小動作，可以肯定且篤定地教導，就算沒有全部都做到，但可以針對已做到的部分稱讚。也許有人看了會覺得「如此細節式教導，還要針對每個小動作稱讚，真是麻煩！」，然而實際做了以後卻意外簡單，也能減輕父母的負擔。

將行動細分，再按部就班教孩子，有時候會發現沒教的他也會做了，或者哪天會做好幾個動作，剩下沒教的部分也突然開竅會了，常常會發生這樣的結果：「哪天發現他整組動作都能做到」。

更重要的是，將動作分成好幾個小動作，按部教導，慢慢累積成果，親子都會覺得輕鬆快樂。

「換衣服」或「上學前（托兒所、幼稚園）的準備」等事項透過小步驟教導，效果也會非常卓越。

○小步驟教導範例

• 「換衣服」

「媽媽叫你，就要馬上去換衣服的房間」、「脫下睡衣」、「穿上襪子」、「穿襯衫」、「穿褲子」

• 「上學前準備」

「把便當盒放進書包」、「手帕放進口袋」、「掛上名牌」、「水壺揹肩上」、「戴帽子」、「穿鞋子」、「走出玄關」

這麼說
就OK

「太郎，媽媽叫你『刷牙了』，你馬上就過來，真的很棒！」

這種情況下該說什麼？3

喝果汁時，不再對著杯子吹氣泡♡

在餐廳吃著兒童套餐的太郎，喝柳橙汁時，從吸管吐氣吹泡泡，開始玩起來了。

這時媽媽與四郎四目交接，媽媽並說了聲「太郎」，愛郎馬上知道媽媽的意思，立刻停止吹氣泡。

請稱讚馬上停止吹氣泡的太郎。

「藍卡」的提示

用吸管吹氣泡是問題行為，可是知道媽媽的意思，馬上就停止吹氣泡是期望行為。像這樣在同一個場合裡，問題行為與期望行為混雜在一起時，如果分開處理，父母也比較容易應對。

這個例子是稱讚和指正兩方面都必須做的範例，首先針對孩子能夠停止吹氣泡的行為加以稱讚，後來再針對吹氣泡這件事，告訴孩子「替代行為」，教導他正確的喝果汁方法，然後再當場與他「一起做做看」。

如果將兩件事合而為一教導的話，你會感到困惑，心裡想「雖然他表現了期望行為，可是，用吸管吹氣泡本來就是不對了，不是要責備指正嗎？稱讚和責備指正，到底哪個該優先啊？」

這個例子出現的「知道媽媽想說什麼，馬上就停止吹氣泡」的太郎行為是非常重要的部分，也是很了不起的事情。能做到這樣，湯媽媽一喊「太郎」的名字，就當場停止問題行為，如此一來，後續的親子溝通就會順利。

相反地，如果是「就算媽媽說了，還是繼續問題行為」的話，後續的親子溝通會讓父母感到疲累。因此，要想辦法讓「了解媽媽想說什麼，馬上停止行為」的了不起行為次數增多。那麼，就把好事當成好事來稱讚吧！

此外，也常會有「會老實告訴我做了錯事」或「指正問題行為後，馬上道歉」之類的問題行為與期望行為混雜的情況。

這麼說就OK

「馬上就停止吹氣泡，真乖。」
「謝謝你知道媽媽想說什麼。你馬上就停止吹氣泡呢！」

這種情況下該說什麼？4

開始會主動收拾♡

太郎本來在玩著色畫，可是中途玩膩了，又開始玩別的遊戲。桌上散佈著著色本和蠟筆。媽媽走到太郎身邊，一邊製造情境，一邊對他說：「把著色本和蠟筆收一收。」

太郎突然說：「不要！」、「等一下」來反抗媽媽，可是一分鐘過後，他嘴裡嘟囔著：「沒辦法啦」，有點不情願地開始收拾著色本和蠟筆。

雖然太郎有點不情願，有點反抗，但還是主動收拾了，請稱讚他吧！

「藍卡」的提示

這個例子的情況跟上一例一樣，出現「沒有收拾著色物品就開始玩別的遊戲」、反抗地說「不要、等一下」等的小問題行為，不過，希望父母將焦點擺在最後開始收拾的正常行為。

從前後關係來看，可以說太郎是因為「媽媽提點過了，才收拾」；可是，再將焦點集中在最後部分的話，也可以說是「太郎是自己判斷後，才決定開始收拾著色本和蠟筆」。

太郎可能是突然想到而心中有所糾結：「我知道一定要收拾，可是，收拾好麻煩。怎麼辦才好呢？好吧！就乖乖收拾吧！」最後他可能是憑自己之力突破心中的糾葛。

如此一想，現在的情況就是一個大大的「稱讚重點」。

這麼說
就OK

「收拾好了，真的了不起！」
「很棒喔！自己主動收拾好了！」

這種情況下該說什麼？5

媽媽跟人談論要事，卻在一旁直喊「我要回家了」

媽媽在跟其他大人談論要事時，太郎顯然等得不耐煩，一直在旁邊吵著說：「我要回家啦」、「要講到什麼時候啦」還不時用身體去碰媽媽或用力抓媽媽的手。

最近在跟幼稚園老師或診所的藥劑師交談時，每當談的最投入時，太郎就會一直吵著要回家，媽媽當時也很不悅，事後有提醒太郎要注意。

那麼，要出題了。想要減少太郎「吵著要回家」的次數，要稱讚太郎的某個行為，該針對哪個行為稱讚呢？

【答案】

媽媽在跟其他大人談論要事時，不會一直吵著「要回家」，而是乖乖等媽媽（雖然太郎只等了一至兩分鐘，還是希望稱讚他）。

那麼，當太郎懂得等待時，該如何稱讚他呢？請練習看看。

「藍卡」的提示

在這個例子的情況下，當孩子不能等候，一直吵著要回家的話，父母會斥責孩子；可是，如果孩子有靜靜等候，因為沒有問題發生，父母就會疏忽了孩子的這個正常行為。因為父母總是很難去注意到孩子的正常行為（期望行為）。

如果你冷靜觀察孩子的行為，就會發現他並沒有像平常那樣吵著要回家，而是能夠靜靜在一旁等候，沒有「吵著回家」，有時，可能只是「剛開始的幾分鐘乖乖等著」。在日常生活中存在著許多「稱讚點」。

因此，為了減少孩子「吵著回家」的次數，與其斥責，針對孩子已經表現出的「等待行為」加以稱讚才是更重要的！

這麼說就OK

「太郎，媽媽在跟朋友談論要事時，你會乖乖等著。你好棒，真乖（摸摸頭）。」

綜合練習（微難版）

終於來了。這次是「微難版」的綜合練習。

這次的綜合練習是將之前提過的「告知替代行為」、「一起做做看」、「表示同理心」、「製造情境」、「稱讚」五張藍卡無限制組合在一起，所進行的正式練習。

在這個練習裡，我不指定使用哪張卡片，也不會指定順序。希望各位照你的實際生活中，看要使用哪張適合你的藍卡。在「這麼說就ＯＫ」的單元，會舉例筆者或上過講座課程的媽媽們的因應方案。**這些也僅作參考，並不代表是正確答案。**

當這個綜合練習結束後，各位應該都能自由使用藍卡了吧？那麼，請把「育兒八策卡片」放桌上，邊看邊思考因應方案。

這種情況下該說什麼？1

不說「我吃飽了，請慢用」就直接離席

太郎家規定用餐時不能看電視。

太郎跟家人共進晚餐，他吃飽了，沒說「我吃飽了，請慢用」就離席。

最近太郎總是吃完飯就馬上坐在電視機前面的沙發，觀賞預錄下來的卡通影片。因為太郎想趕快看影片，所以吃完飯後都沒有說「我吃飽了，請慢用」。今天也是一樣，什麼都沒說就離席了。

媽媽對太郎說：「太郎，等一下。」制止太郎跨出步伐。這時太郎已經站在離餐桌兩公尺遠的地方。

練習 1－1

如果要教導這位沒遵守家庭規則的太郎做出期望行為的話，該如何組合藍卡來使用呢？假設這次太郎對媽媽的教導言聽計從，直接說：「我知道了」。

那麼，請想想該如何組合，並想像太郎就在你身邊，在練習時盡量出聲說話，使用藍卡來因應，試著上演一齣小戲碼。

這麼說就OK

（之一）

〔製造情境〕……（走到太郎身邊，並蹲下來）

〔表示同理心〕……「媽媽知道你想趕快看電視。」

〔告知替代行為〕…「媽媽知道你想看電視，可是，用完餐後，要對大家說：『我吃飽了，請慢用』，這樣才有禮貌。」

〔一起做做看〕……「我們一起說說看。來，『我吃飽了，請慢用』。」

〔稱讚〕…………「嗯，你會說了。那麼，去看電視吧！」

（之二）

〔製造情境〕………「太郎，過來媽媽這裡」（讓太郎坐在餐椅上）

〔告知替代行為〕…「說『我吃飽了，請慢用』，再去看電視。」

〔一起做做看〕……「媽媽會在一旁看著你說『我吃飽了，請慢用』。」

〔稱讚〕…………「很好，你會說『我吃飽了，請慢用』了。」（摸頭）

說話內容盡量簡潔。

練習1—2

再使用「不遵守家庭規則的太郎」的例子來練習。

面對離席的太郎，媽媽出聲對他說：「太郎，先等一下。」這次因為太郎中途有反抗，請試著即興使用藍卡來因應。

媽媽：「太郎，回到自己的座位。」

太郎：「……。（回到自己的座位坐著）」

媽媽：「吃完飯後，要說『我吃飽了，請慢用』。」

太郎：「我不要！我想趕快看電視！」

媽媽：「（請用藍卡來因應）」

「藍卡」的提示

使用「表示同理心」的卡片，想像孩子想法的同時，向孩子傳達「我懂你是怎麼想的」的訊息，先讓後續溝通順暢進行。只要這麼做，就能感受到父母與孩子之間的「溝通頻率」更接近。

相對地，若不使用「表示同理心」的卡片，直球進入主題，會有不由自主以挑撥語氣說話的風險。

○例
媽媽：「吃完飯後，要說『我吃飽了，請慢用』。」
太郎：「我不要！我想趕快去看電視！」
媽媽：「什麼？你不說『我吃飽了，請慢用』！」（※）
太郎：「為什麼要說！」（※）
媽媽：「（氣炸）沒有『為什麼』！你最好給我聽話，不要鬧！（接下來紅卡一直出現）」

情況就演變成那樣。※部分表示親子間對話已經變成對抗拉距，站在客觀角度看的人，也許會笑一笑，但是實際在對話的當事人會覺得很累吧！因此，若能使用「表示同理心」這張卡片，還是提早用比較好。

看了剛才的說明，相信會有家長們擔憂「當孩子反抗時，用表示同理心的方法溝通好像會不順利」，但只要父母在時間和心情都寬裕情況下，嘗試使用「表示同理心」這張卡片，你將會驚喜地發現，光用這張卡片就能解決問題。

當然有許多問題光用「表示同理心」卡片無法解決，然而不管怎樣，如果是「表示同理心」就能解決的狀況，就不要讓情況變得難以解決，畢竟，現階段是在練習。

這麼說就OK

（之一）
〔表示同理心（同感）〕……「嗯，是這樣啊！你想看電視啊！媽媽知道你想法。」
〔稱讚〕……………………「能忍著不看電視，照媽媽說的話做，真的很

〈告知替代行為〉……「那麼，為了可以趕快去看電視，要先說『我吃飽了，請慢用』喔！」

棒！」

〈之二〉

〈表示同理心（複誦）〉……「啊，想看電視啊！」

〈告知替代行為〉……「那麼，記得吃完要說『我吃飽了，請慢用』。」

練習1—3

「沒說『我吃飽了請慢用』就離席的太郎」系列最終回。

媽媽曉諭太郎後的翌日早餐時刻。太郎用完早餐後，很自然地說了「我吃飽了，請慢用」。

那麼，請稱讚太郎。

「藍卡」的提示

如果「希望這個好行為能持續」，要如之二的「這麼說就ＯＫ」，在稱讚前先製造情境，提升特別感，讓孩子更印象深刻。

還有，因為這次的情況設定是「屢次不說『我吃飽了請慢用』就離席」，反過來說，「偶爾也有會說『我吃飽了請慢用』再離席的時候」。

那麼，與其老是注意孩子沒有說的時候，更應該將焦點擺在孩子有說的時候，並加以稱讚，也許這樣能讓親子都鬆口氣。效率也更好吧！

這麼說就OK

（之一）

（稱讚）……「你做到了！太郎會說『我吃飽了，請慢用』呢！」

（之二）

（製造情境）…「太郎，過來媽媽這裡！」（讓太郎坐在媽媽膝蓋上）

（稱讚）……「你會說『我吃飽了，請慢用』呢！」（摸太郎的頭）

這種情況下該說什麼？2

一直不去廁所

太郎一家人到動物園遊玩。超喜歡動物的太郎開心地在園內走動觀賞，現在他正看著大象。

這時候，媽媽注意到一件事。太郎雙腳一直在動，看來他是在憋尿。最近好幾次都像這樣，然後就尿出來了。

於是媽媽走到太郎身邊，告訴他：「我們去廁所。」可是，看著大象入神的太郎，用力夾著大腿，對媽媽說：「我不去廁所，我不會尿出來！」

練習2－1

那麼，在上述情況下，若要組合藍卡來因應問題，順利帶太郎上廁所的話，該如何做才好呢？

這麼說就OK

（之一）

〈表示同理心（複誦）〉……「啊……，不會尿出來啊……」

〈製造情境〉……「太郎，你過來一下。」（讓太郎轉身，讓大象離開他的視線。媽媽蹲下來，與太郎視線交接）

〈表示同理心（同感）〉……「媽媽知道你想看大象。」

〈告知替代行為〉……「媽媽知道你想看大象，可是，為了以防萬一，我們還是去廁所吧！上完廁所，再來看大象。」

〈一起做做看〉……「來吧，我們去上廁所！」

〈稱讚〉……「（上完廁所後）你可以忍著不看大象，先來上廁所，真的很棒！」

（之二）

〈製造情境〉……「抱起太郎，慢慢地讓讓大象遠離其視線。」

〈告知替代行為〉……「太郎，我們去上廁所！」

〈表示同理心（同感）〉……「媽媽知道你不會尿出來。」

〈告知替代行為〉……「媽媽知道你想看大象，可是，還是先上廁所吧！上完廁所，就能好好看大象。大象看夠了嗎？

好，接著去看長頸鹿。上完廁所，去看長頸鹿。」

〔一起做做看〕……「好，我們去上廁所吧！」

練習2－2

假設想減少孩子「堅持不上廁所」的問題行為次數，該針對太郎的哪個正常行為加以稱讚呢？

【答案】

- 太郎自己上廁所
- 聽媽媽的話，直接去上廁所

※上廁所、用餐、睡覺等關於生理行為的教導，確實要小心翼翼。因為孩子身體功能尚未發育完全，有時候無法憑自我意志來控制生理行為。如果把這種情況視為問題行為而加以責罵，不僅效果不彰，甚至會

讓問題更惡化。當對孩子的上廁所訓練不順利時，就責備孩子，只是讓尿褲子的次數更多；孩子吃飯速度慢就罵，吃飯速度會更慢。

因此，對於生理行為的教導，在教導時不要讓孩子有壓力，而且要配合稱讚的功夫（關於這方面的行為，最理想的方法就是諮詢小兒科醫師、保健師、幼教老師、營養師！）

練習2－3

假設太郎站在大象的柵欄前，一直說：「我不去廁所！」就這樣持續了一段時間。之後因為問題發生了，請隨機應變加以應對。

媽媽：「太郎，該上廁所了！」

太郎：「……（不說話，低著頭）」

太郎：「媽媽，我尿出來了。」（褲子有點被尿濕了）

※假設媽媽剛好有時間可以慢慢跟太郎溝通。而且也帶了備用衣物。

媽媽：「（請用藍卡因應）」

這麼說就OK

（之一）
〈表示同理心（複誦）〉……「啊，尿出來了！」
〈告知替代行為〉…………「去廁所換衣服。」
〈一起做做看〉……………「來，我們去廁所。」

（之二）
〈表示同理心（同感）〉…「尿出來了，一定很不舒服吧！」
〈製造情境〉………………「蹲在太郎前面，與其視線交接」
〈告知替代行為〉…………「來，去廁所換衣服。」
〈一起做做看〉……………（牽著太郎的手去廁所）

一直以優等生標準來讓大家練習，是否覺得壓力很大呢？現在讓大家使用「紅卡」來因應，看看情況會變成怎樣。

在剛剛太郎對媽媽說：「我尿出來了！」的例子，假設媽媽聽了以後很生氣，使用紅卡來因應，會是怎樣的感覺呢？請看以下內容。

○以紅卡因應的例子

媽媽：「我不是跟你說好幾遍『去上廁所』！你在搞什麼？看看你身邊的每個人，只有你尿褲子！丟不丟臉啊？你都四歲了，怎麼連這種事也做不好？媽媽想回家了，今天不買禮物了。」

感想如何？使用紅卡時，是不是相對順手呢？但同時，是不是會有點疼惜被責罵的太郎呢？這是因為你已經具備充足的「藍卡思維」了。

漸漸增加使用藍卡的次數，就能減少使用紅卡的次數，現在各位的思考模式應該也開始轉化為藍卡模式了吧？試想看看，如果在現實生活中，發生了這個「尿褲子事件」，使用藍卡來因應的可能性有多少呢？

如果完全無法使用藍卡因應的分數是0，可以完全使用藍卡因應的分數是10，各位能使用藍卡因應的分數是幾分呢？請在心裡給自己打分數。

各位給自己打幾分呢？我問參加講座課程的學生，大家的分數大抵在5分至6分。然而，**重點不在分數多寡，而是經過一再的練習，大家的藍卡實踐能力是否有所提升**。就算你打的分數只是1分或2分，也沒關係。只要比練習之前有進步就夠了。

這種情況下該說什麼？3

明明告訴他要把門關上，結果沒關還坐在客廳看電視

媽媽和太郎去超市買完東西後回家。因為手中的袋子很重，媽媽就先進家門，並對太郎說：「進來後再把門關上。」然後逕直朝廚房走去。

把食材收好後，媽媽走到客廳，看見太郎在看電視。為了謹慎起見，媽媽看了一眼玄關門，竟然沒有關上。

練習3－1

那麼，請用藍卡指正沒有關門就坐在客廳看電視的太郎。

這麼說
就OK

（之一）

〔製造情境〕……「太郎，媽媽有話要跟你說，先把電視關掉。」（慢慢關掉電視，走到太郎身邊，與他四目交接）

〔告知替代行為〕…「因為玄關門沒關上，你去把門關上。」

〔一起做做看〕……「來，我們一起去玄關。」（在一旁看著太郎把門關好）

〔稱讚〕…………「好棒，把門關好了。」（摸太郎的頭）

（之二）

〔告知替代行為〕…「太郎，來玄關一下。」

〔製造情境〕………（在太郎身邊半蹲著，與太郎視線交接）

〔稱讚〕…………「好棒！雖然你在看電視，但是媽媽叫你，馬上就過來了。」

〔告知替代行為〕…「玄關門沒關上，去把門關好。」

〔一起做做看〕……（在一旁看著太郎把門關好）

〔稱讚〕…………「你把門關好了。來，再回去看電視吧！」

練習3－2

再追加一些設定。

太郎有點反抗，請隨機應便處理看看。

媽媽：（啊，難道太郎沒有關門，就走進來看電視嗎？）

「太郎，玄關門沒關，去把門關好。」

太郎：「媽媽去關不就了嗎！我現在在看電視！」

假設這時候媽媽有寬裕的時間和心情，所以耐心使用藍卡來因應。請開始練習。

這麼說就OK

（之一）

〈製造情境〉……………（走到太郎身邊）

〈表示同理心（複誦）〉…「啊，你在看電視啊！」

〈告知替代行為〉………「太郎啊，先把門關好，再看電視。」

〔一起做做看〕……………「來，我們去關門。」

〔稱讚〕……………「嗯，你會關門嘛！謝謝你把門關好。來，去看電視吧！」

〔之二〕

〔製造情境〕……………〔走到太郎身邊，緩緩關掉電視，坐到太郎身邊，與他四目交接〕

〔告知替代行為〕……………「太郎，媽媽說：『要把門關好』，你就要把門關好。」

〔表示同理心（同感）〕……「媽媽知道你現在很想看電視。你正在看最喜歡的節目吧！」

〔告知替代行為〕……………「可是，要先把門關好，來，把門關好。」

〔一起做做看〕……………〔在一旁看著太郎把門關好〕

〔稱讚〕……………「很好，太郎做到了。會自己把門關好，真了不起。」

練習3－3

翌日，外出回家後，媽媽又想起昨天的事，輕聲對太郎說，讓他負責關門。媽媽先走進屋內，觀察太郎的舉動，太郎默默關上門，要走到浴室洗手。好了，請稱讚把門關好的太郎。

這麼說就OK

（之一）

〔稱讚〕……「太郎，謝謝你幫媽媽把門關好。你幫了媽媽很大的忙！」

（之二）

〔製造情境〕…「太郎，你過來！」（抱起太郎）

〔稱讚〕……「你照媽媽的要求，把門關好了。來，媽媽幫你洗手。」

建議在問題發生前就先亮出藍卡

在此休息一下，不用練習，想跟各位聊聊亮出藍卡的時機。

亮出藍卡的時機，大致可分為「事前因應」與「事後因應」兩個時機。「事後因應」是指問題發生了才亮卡因應。

○發生問題行為↓告知替代行為

- 例：因為收拾玩具時，是用丟的把玩具丟進箱子裡，要告訴孩子不是用丟了，而是輕輕地把玩具放進箱子裡。

到目前為止，類似這樣「事後因應」的狀況，本書已經練習過很多次了。而所謂的「事前因應」，則是指在問題發生前就給予提醒與引導。

○問題發生前就告知替代行為

●例：最近孩子收拾玩具時，動作很粗魯，用丟的把玩具丟進箱子裡。現在他又要開始玩玩具，在玩之前先教導他正確的玩具收拾方法。

「事前因應」的作法很簡單，只要將之前練習過的藍卡因應方法在「孩子問題行為發生前」實施就可。

實際體驗比說明更容易理解，我們也來練習看看。

「事前因應」練習1 每次在剪票口就會進退兩難……

好幾次通過車站剪票口時，太郎在離媽媽幾步遠的地方徘徊走著，沒辦法順利通過剪票口，媽媽看到太郎這樣，心裡很急。

今天也搭了捷運，下車後朝出口走去，就在離剪票口二十公尺遠的地方，媽媽心想：「今天太郎又要在剪票口前猶豫不前，讓我緊張兮兮嗎？」

媽媽決定事前做好因應。因為尚未走到剪票口，所以太郎沒有出現問題行為。媽媽把太郎帶到通道側邊，告訴他如何順利通過剪票口的「替代行為」。

〔告知替代行為〕↓

「藍卡」的提示

只是把使用藍卡的時機換成問題行為發生前，基本上作法都跟以前練習一樣。只有使用時機不同，不過，比起事後因應，更建議多多事前因應。為什麼如此建議呢？

父母很清楚孩子有哪樣的問題行為，總是會等到問題行為發生了，加以責罵。在剛才的例子中，媽媽一邊想著：「今天太郎又要在剪票口前猶豫不前，讓我罵他嗎？」一邊朝著剪票口方向走去。果真在剪票口前太郎又猶豫不前，媽媽看了很生氣地說：「喂，我之前不是教過你了嗎？怎麼又來了！（氣炸）」

如果能清楚掌握孩子問題行為會出現的時間點，而且媽媽有足夠時間指正教導，心情也和悅的話，若能在通過剪票口前就告訴孩子替代行為。就能提高順利通過剪票口的機率。

如果因事前告知替代行為，孩子得以順利通過剪票口的話，這時也要稱讚孩子。

將事前因應、事後因應的性質加以整理，得到以下的重點。

●事後因應（因為孩子出現問題行為而加以提點、指正）

- 孩子已經出現問題行為。有時候已經造成傷害，需要父母收尾或糾正。
- 吼罵的父母、挨罵的孩子，親子雙方都已經陷入負面情緒中。
- 在這樣的情況下，期待改變孩子的行為。
- 斥責固然重要，但實際這麼做以後才覺得很難，把心力全放在罵人這件事上，不僅成效差，父母也會身心俱疲。

↓請將罵人模式轉換為「對孩子做到的事加以稱讚的模式」。

●事前因應（問題行為出現之前，告知替代行為）

- 孩子的問題行為尚未發生。
- 因為問題尚未發生，親子情緒都很平靜（因此，也比較容易教導）。
- 因為事前告知替代行為，之後孩子表現出期望行為的可能性也就提高，結果，很可能以稱讚來結束。

↓容易累積「告知、做到了、稱讚」的親子溝通成功經驗。

如前所述，事前使用藍卡因應的好處多多，不過，只有一個缺點。那就是常會忘了要事前因應。

如果是事後因應，因為問題已經發生了，父母就算不喜歡這樣，孩子的問題行為自然會映入眼簾，自然而然就會開始管教孩子。

可是，若是事前因應，在問題發生前，父母心裡就會有所察覺：「如果演變成這樣的情況，我一定會罵他吧？還是事前告知好了。」而認為自己必須開始有所動作才行。

為了不讓自己忘記事前因應而防範問題出現的話，當你有「我可能會生氣吧」或「他能做到嗎？好像不太會」的不安感覺時，趕快亮出藍卡。換言之，「有不安感，就事前亮出藍卡防範吧！」

這麼說就OK

「太郎，通過剪票口時，你就走在媽媽前面，我會緊跟著你，一起通過剪票口。」

此外，就跟之前的練習一樣，視情況與「一起做做看」或「稱讚」等其他藍卡一起組合使用。

「事前因應」練習2 老是喜歡咬著牙刷走來走去

太郎刷牙時，最後要坐在媽媽膝上，然後仰著頭，由媽媽幫他檢查確認。

檢查確認後，太郎就走到洗手台漱口；可是最近太郎會咬著牙刷走來走去。媽媽每次都有指正他「這樣很危險」，但是偶爾還是會出現這個問題行為。
又到了今天的刷牙時間，媽媽突然想到：「太郎待會該不會起身時又咬著牙刷吧？」這時候媽媽和太郎在客廳讀完繪本，一起坐在地板上。
好了，要正式上場了。這次只是事前因應，請告訴太郎等會檢查確認後，他該以什麼樣的姿勢起身。請練習。

〔告知替代行為〕↓

這麼說就OK

「刷牙時，當媽媽幫你檢查確認刷牙後，你要將牙刷拿在手上，再起身。」

正式組合藍卡來因應的話，如下所述。

〔製造情境〕「太郎，媽媽跟你說。」（與太郎四目交接）

〔告知替代行為〕「媽媽發現牙刷好後，你總會嘴裡咬著牙刷起身，這樣很危險。媽媽希望你刷好牙，把牙刷拿在手上，再起身。」

〔表示同理心〕「媽媽知道會不由自主就咬著牙刷起身。」

〔告知替代行為〕「咬著牙刷移動很危險，要將牙刷拿在手上再起身。」

〔一起做做看〕「剛好，我們要去刷牙了，媽媽陪你一起做做看。」

↓（太郎說「不要」，表示反抗。）

〔表示同理心〕「啊，你不想做啊！媽媽知道聽起來好像有點麻煩。」

〔一起做做看〕「可是，不能不刷牙啊，來，我們去浴室。刷完牙的時候，記得把牙刷拿在手上再起身。」

↓（太郎走到浴室刷牙，最後照媽媽說的，把牙刷拿在手上再起身。）

〔稱讚〕「太郎，你把牙刷拿在手上後再站起來，真的很棒。太好了，你真乖！」

這個例子的「一起做做看」部分，有「實際到浴室刷牙」、「在洗臉台前假裝刷牙的樣子，做事前練習」、「在客廳地板假裝刷牙的樣子，做事前練習」等的各種選項。

這時候**請選擇孩子能輕鬆學會，又能減輕父母負擔的方法**。

「事前因應」與「事後因應」一樣，有時候只要使用幾張藍卡，就能讓親子順利溝通，有時候過程很複雜，要亮出多次藍卡才能解決問題。請隨機應變，以最適合的方式來解決吧！要有成果，只有不斷練習與實行而已，別無秘訣。

「事前因應」練習3

能好好地跟外公、外婆打招呼

媽媽已經有半年沒回娘家探親，今天準備要回娘家。上次回娘家時，太郎很怕生，不肯向外公、外婆打招呼。媽媽希望這次回娘家，太郎能精神充沛地問候兩位老人家。

因此，媽媽決定事前做好因應工夫，想在出發前，先跟太郎進行問候練習。

那麼，請事前教導太郎打招呼的方式。

〔告知替代行為〕↓

這麼說就OK

「今天到了外公、外婆家，你一開始就要大聲說『你們好』喔！」

如果再搭配「一起做做看」的步驟，就變成「那麼，看到外公和外婆時，我們一起大聲說『你們好』吧！」

關於「事前因應」的說明就到這邊，**請務必使用事前因應的方法，應該能減少罵孩子的次數，讓各位在管教孩子的事務上更輕鬆。**選擇效率佳的方法來試試看吧！

綜合練習（微難版）續篇

那麼，再回到【綜合練習（微難版）】的續集。
各位也該累了，在練習的時候是否懶得出聲，只閱讀因應案例的部分呢？再等一下就會結束，請堅持下去，不厭其煩地出聲練習到最後吧！

這種情況下該說什麼？4

老是直接坐在門外地上穿鞋

因為今天要到媽媽朋友家玩，現在正在準備出門。媽媽突然想起，上次去朋友家要回來時，太郎直接坐在門外地上穿鞋。
這時媽媽心裡想：「該教太郎不坐在門外地板上穿鞋的方法。」

練習4－1

媽媽和太郎的出門準備工作完成，兩人還待在客廳裡。這次是事前因應練習，請告訴太郎不坐在門外地板穿鞋的方法。

這麼說就OK

（之一）

〔告知替代行為〕……「在玄關穿鞋時，不要走到門外坐在地板上穿鞋子，媽媽希望你坐在玄關裡面穿鞋。」

〔一起做做看〕……「我們現在走去玄關（移動到玄關）。坐在這裡穿鞋子（指著玄關），好，穿鞋子看看。」

〔稱讚〕…………「對，就是這樣，不要走到門外坐在地板上穿鞋。」

（之二）

〔製造情境〕……「太郎，你過來一下。」（一起走到玄關）

〔告知替代行為〕……「太郎，你會走到大門外面再穿鞋。但是從現在開始，不要走到門外，坐在這裡穿鞋子。」

〔表示同理心〕……「媽媽知道之前你想走到外面再穿鞋。」

〔告知替代行為〕…「從現在開始，就坐在這裡穿鞋子。」（指著玄關）
〔一起做做看〕……「來，你穿鞋子看看。」
〔稱讚〕…………「很好，你做得很好。」

練習4—2

做了「練習4—1」後，媽媽和太郎來到朋友家，度過歡樂時光，終於到了回家時間。現在正朝玄關走去。

那麼，只能使用一張「藍卡」，請簡單告訴太郎他該怎麼做。請說。

這麼說就OK

〔告知替代行為〕「太郎，坐在這裡穿鞋子。」（指著玄關）

練習4－3

練習內容有點變動。這次不使用藍卡。

情況跟「練習4－2」一樣，媽媽確信「在出門前有練習過了，太郎應該記住了」。因此，這次不使用藍卡，只用簡短的一句話或一個動作，督促太郎表現出期望行為，那麼，你該怎麼做才好呢？

有各種方法可以選擇，請選擇你喜歡的方式試驗看看。請開始！

這麼說就OK

（有各種選擇）

叫了一聲「太郎」，用眼神示意。

對太郎說：「過來這裡」，指著玄關。

告訴他：「太郎，我們練習過了喔！」

在事前因應時就教導孩子期望行為，等正式上場時，不需要再詳細說明，媽媽也樂得輕鬆。筆者也認為這樣的方式真的助益很大。因為只要對孩子說：「我們練習過了喔！」或四目交接後露出意味深長的微笑，孩子就懂媽媽的意思，會如之前所教導，表現期望行為。相對地，如果沒有事前因應練習，等到正式上場時，會受到周遭環境影響，媽媽也會變得神經兮兮，怕孩子又是走出大門再穿鞋。

有無事前教導，之間差異很大，如果媽媽只要說一聲「我們練習過了喔！」孩子就能表現期望行為，不僅能減輕媽媽負擔，也能從容地稱讚孩子。

不過，這當中也有風險。雖然事前教過了，但孩子卻聽不懂或者忘記怎麼做，那句「我們練習過了」就會變成紅卡的「詞意曖昧不明」，因而導致問題發生，父母也會覺得累。

所以，千萬不能過度自信。畢竟你交手的對象只是個孩子。

這種情況下該說什麼？5

未經許可，就自己打開宅配的箱子！

中午宅配來，媽媽將收到的東西放在玄關。送來的貨品是媽媽網購的衣服。

到了晚上，媽媽打算去玄關拿東西，哪知盒蓋已被打開，確認一下內容物，發現裡面的衣服有人拿出來過，再隨意塞進去。

於是詢問太郎，結果太郎一臉歉意地說：「是我做的」，馬上跟媽媽道歉。

練習5-1

那麼，我要提問了。各位看完了這個例子的狀況設定後，認為首先要對太郎亮出哪張藍卡呢？好，開始練習，請回答。

這個問題沒有正確答案，不過，若是你回答首先要亮出「稱讚」卡的話，表示你已經擁有「藍卡腦」。恭喜你，真了不起！

因此，首先請對任意打開盒子，並一臉歉意承認錯誤、向媽媽道歉的太郎加以稱讚。

「藍卡」的提示

問題行為和期望行為同時發生時，要指正問題行為，稱讚期望行為。不要混為一談，要分開處理。

這麼說就OK

「嗯，原來是這樣，是你任意打開箱子，還把裡面的衣服拿出來。太郎你很棒，會為自己做錯的事道歉。」

練習5－2

那麼，完成稱讚後，請指正太郎任意打開宅配箱子這件事，並告訴他「替代行為」，讓他知道以後遇到相同的情況該如何處理。

這麼說就OK

（之一）

（告知替代行為）：「想打開宅配箱子時，要跟媽媽一起打開。」

（告知替代行為）：「所以，當你想打開箱子的話，要叫媽媽。」

（一起做做看）……「那麼，假設現在你想打開箱子，試著叫『媽媽』看看。」

（太郎：「媽媽！」）

〈稱讚〉……………「嗯，做得好。因為太郎叫媽媽，所以媽媽就過來了。」
〈告知替代行為〉……「接下來，試著對媽媽說：『我想打開箱子。』」
〈一起做做看〉………（太郎：「我想打開箱子。」
〈稱讚〉……………「很好，你辦到了。以後要像這樣先叫媽媽過來，再跟媽媽一起打開箱子。」

（之二）
〈製造情境〉…………「太郎，你過來坐著。」（一起坐在地板上，四目交接）
〈表示同理心〉………「媽媽知道你想看看裡面是什麼東西。」
〈告知替代行為〉……「以後想打開箱子的話，要先問媽媽可不可以打開。」
〈表示同理心〉………「咦，什麼？你說有問媽媽，可是媽媽說：『我現在很忙』嗎？原來是這樣啊！媽媽知道了。所以你就自己一個人打開箱子囉！」
〈告知替代行〉………「那麼，假設媽媽有聽到太郎問：『我可以打開箱子？』媽媽會回答：『可以啊』或『等一下再一起打開』。太郎想打開箱子的時候，要記得問媽媽：『我可以打開箱子嗎？』」

〔一起做做看〕……「那麼，我們練習一次看看。問媽媽『我可以打開箱子嗎？』」

〔稱讚〕……「你做到了。媽媽也會努力回應你，告訴你『好啊！』或『等一下再一起打開吧！』」

這種情況下該說什麼？6

用嘴巴舔沙拉醬的瓶口

終於來到最後的練習了。用餐時。太郎要淋沙拉醬在沙拉上面時，竟用嘴舔沙拉醬的瓶口。

沒錯，太郎就是超愛沙拉醬的粉絲。

練習6－1

因為太郎用嘴舔沙拉醬瓶口，請告訴他「替代行為」（假設媽媽有寬裕時間和心情）。

這麼說就OK

（之一）

〔製造情境〕……「太郎，沙拉醬給媽媽。」

〔告知替代行為〕…「太郎，淋沙拉醬時，『淋好了，就蓋上蓋子，放回冰箱』，不要用嘴巴舔。像這樣，淋醬，蓋上蓋子。」

〔表示同理心〕……「你很喜歡沙拉醬，所以忍不住就想舔一下。」

〔一起做做看〕……「那麼跟媽媽一起做做看，『淋醬、蓋上蓋子，放回冰箱』」。

〔稱讚〕…………「對，就是這樣，做得很好。」

〔一起做做看〕……「為了讓你記住步驟，你幫爸爸的沙拉淋醬。」

〔稱讚〕…………「對，就是這樣。沒有再舔瓶口了，很棒！」

（之二）

〔告知替代行為〕…「沙拉醬不是用舔的，它是用來淋食物，攪拌後食用的。試著吃一口淋了沙拉醬的沙拉看看。」

〔一起做做看〕……（在一旁看著吃一口沙拉）

〔稱讚〕…………「做得好！就像這樣，沙拉醬是要跟生菜一起攪拌食用的。」

在講座課程練習這個沙拉醬例子時，常有受講者這麼說：「以前遇到這種情況，我都是懲罰孩子。」或也有人這麼說：「不懲罰，他們聽得懂嗎？他們會知道怎麼做嗎？」因此，講跟各位聊聊「懲罰」這件事。

懲罰孩子比較好嗎？

首先要聲明，「零吼罵育兒八策」不會對孩子的問題行為施以懲罰。懲罰屬於紅卡。我的建議是**「真的生氣忍不住就施以針對事情的懲罰，但最好還是不要懲罰」**。

為什麼呢？因為懲罰是高難度作法，而且萬一作法錯誤，會讓親子關係蒙受極大傷害。比方說孩子沒有收拾玩具，媽媽就丟掉部分玩具當作懲罰。假設孩子大哭反抗，過幾分鐘後他放棄了，跟媽媽道歉，開始收拾玩具。

那麼，經過這樣的過程，孩子會想到「沒有收拾玩具不對。好，以後一定要每天都把玩具收好」嗎？答案是不會的。孩子是因為「媽媽很可怕」、「不收拾玩具又會被丟掉」等負面理由而收拾玩具。

所以想光靠懲罰，讓孩子主動表現好行為，實在很難。因此，**必須採用非懲罰的其他方法**。比方說，下一次孩子有收拾玩具時，要稱讚他。或者教孩子收拾玩具的方法。

所以，最後再提醒一次，「藍卡非常重要」。

此外，懲罰本身存在著可怕的陷阱：懲罰有短暫效果。沒錯，孩子不是當場就聽話照做嗎？因此，父母忍不住就採取懲罰的手段。**雖然解決了當下問題，但如果孩子下次再犯，問題行為又出現的話，會讓你的教導工作更加困難**。

- 因為沒有收拾玩具，便假裝要把玩具丟掉，讓孩子聽話收玩具。

↓ 下次還是不收玩具，真的把玩具丟了。

↓ 下次還是不收玩具，把孩子關在陽台。

↓ 附近的人通報家暴，市公所職員來探訪……可能會發生以上的事。

如果選擇懲罰教育，每當問題行為出現，就得施以更重大的懲罰才能收場。一旦變成這樣，不僅親子痛苦，重要的教養工作也無法進行。而為了避免上述的懲罰風險，必須思考「懲罰程度多少才適當？」「該如何說明，讓孩子了解懲罰的意義？」我們探討的話題愈來愈有深度呢！

另一方面，看了講座課程受講者的實踐報告，很多人都說多數情況下，不懲罰，只使用藍卡來教導孩子，竟意外順利。

所以，不用有陷阱風險的懲罰來教育孩子，絕對行得通。

當孩子一再出現問題行為時，與其懲罰他，若能使用藍卡方法，明確告訴孩子「替代行為」，為了提高成功率，再跟孩子「一起做做看」，當孩子辦到了給予「稱讚」的話，會讓親子溝通更順暢容易。

不懲罰，而是使用藍卡方法來教育孩子的手段，絕對不是異想天開或天方夜譚，而是很有成效且高成功率的選擇。那麼，你實際的選擇是懲罰？還是藍卡呢？

不過，我並沒有否定「適當的懲罰」，但是並不推薦。當你會想採取懲罰手段時，應該只有在用盡藍卡方法，但是都不順利的時候吧？

那麼，再回到練習的續篇。

練習6—2

發生用嘴舔沙拉醬瓶口的事件後，經過幾天到了晚餐時間，今天的晚餐是大阪燒。

在太郎家裡會將煎好的大阪燒分切，盛到每個人的盤子，再視個人喜好自行淋上大阪燒醬汁、沙拉醬和柴魚片。

媽媽在準備大阪燒時，想到「前幾天我告訴太郎不可以用嘴舔沙拉醬瓶口，也教他如何淋醬，今天應該沒問題吧？」

那麼在太郎淋沙拉醬前，先予以「事前因應」，請告訴太郎沙拉醬的食用方法。

這麼說就OK

（之一）

〈告知替代行為〉⋯⋯「太郎，媽媽之前說過了，淋沙拉醬的步驟是『淋上、蓋上蓋子、放回冰箱』。不用嘴巴舔瓶口。你會吧？」

（太郎：「是的，我記得。」）

〈稱讚〉⋯⋯⋯⋯⋯「很好，你有記得。」

（之二）

〈告知替代行為〉⋯⋯「不是直接用嘴舔沙拉醬瓶口，而是要淋在食物上。」

〈一起做做看〉⋯⋯「那麼，假設現在要淋沙拉醬在大阪燒上。你做一次給媽媽看。」（太郎假裝在大阪燒上淋沙拉醬，並取一塊吃）

〈稱讚〉⋯⋯⋯⋯⋯「嗯，完全正確，很棒！」（摸頭）

練習6－3

又過了幾天，媽媽再次準備了必須淋沙拉醬的生菜沙拉。

這次媽媽什麼話都沒說，太郎沒用嘴舔瓶口，而是把沙拉醬淋在沙拉上食用。
各位知道該怎麼做吧？請稱讚太郎。

「藍卡」的提示

當然要稱讚孩子。若能因此減少責罵孩子的次數，父母就輕鬆了。

這麼說就OK

「太郎，你不會再用嘴舔瓶口，而是把沙拉醬淋在菜上吃，真棒！」

▼覺得「練習得不過癮」的人，有好消息送給你！
特地準備了「綜合練習（超難版）」！詳情請掃描這裡↓

總整理

各位辛苦了，練習得很累吧！這本書的練習終於結束了。在前幾頁時你是否這麼想：「什麼？還要練習？我累了！」能練習到最後的人真的很厲害！你很努力！

各位應該都已經擁有「藍卡腦」了。當你出門在外，看到其他父母在教導孩子時，也許你會在心裡這麼想：「唉呀，沒有先將情境打造好，就跟孩子溝通，註定會失敗！」或「來了！『你給我乖一點』詞意不明，孩子怎麼會懂呢？」

當你能夠以這般的客觀態度看待的話，證明你已經擁有藍卡腦了。剩下的只是要加以實踐而已。

這本書是五張藍卡（基本卡）的因應方法練習。為什麼本書只練習基本卡呢？因為基本是最重要的。基本卡是平常親子通時使用頻率高的基本因應方法，雖然單調無趣，但如果每天練習累積實力，會發揮極大威力。

站在父母立場，當孩子出現問題行為，一定會生氣焦急，親子爭執一觸即發時，總會尋求方便好用的特殊來解決問題。從某個層面來看，這是問題發生後的事後處理。然而重要的應該是平常就透過基本卡來提升親子的溝通品質，在事前降低問題的發生率。

如果因此讓親子關係好轉，父母也培養出些許自信與從容的心情，並逐步累積親子相處的成功經驗，就算遇到必須使用特殊卡來解決的高難度情況時，勝算會提高。因為，只靠特殊卡，並不能解決問題。

所以，首先透過本書認真練習，實踐基本的方法。雖然看似麻煩，但是基本功非常重要。當你能妥善使用五張基本卡，也請一定要嘗試使用剩下的三張「特殊卡」。

我將特殊卡的內容整理如下，在此跟各位分享。

◆這是傳說中的特殊卡！介紹三張「在遇到問題時對各位有所幫助的平凡藍卡」！

【第六張——等待】

遇到問題時，先等一下再說。等待竟然比想像中困難？沒錯，你說得對！所以才需要練習！這裡的練習內容是孩子鬧彆扭，不聽話。

【第七張——冷靜】

想使用藍卡來解決問題，但還是會有覺得焦急的時候吧？所以，要讓自己先冷靜下來。雖然只是「冷靜」一下子，但是這個「小小的冷靜」卻能創造非常優異的成果。

【第八張——提問・傾聽・思考】

這是高知識系列的育兒雜誌經常介紹的方法。效果很棒！可是，如果使用方法錯誤，反而讓情況更糟糕。所以要練習，當成藍卡妥善使用吧！

◆八張卡都出籠，讓人期待的真實綜合練習！

- 冷靜組合來練習！
- 特地使用藍卡，卻遇到阻礙？事態更惡化？怒氣沖沖的實際隨機應變練習！
- 奇蹟般的逆轉！忍不住發飆了？沒關係，現在就是八張藍卡都出場的時機。
- 不由得使用紅卡時的切換練習！

◆套用自家的情況來練習！

- 藍卡不是只有練習時才用，要套用在自家事件中。
- 不是只有媽媽懂得如何使用藍卡就好，爸爸、孩子、祖父母、每個家人都要會使用藍卡，這樣媽媽就會輕鬆不少。

最後的最後

各位，歷經這麼多的練習，有何感想呢？覺得很簡單呢？還是比想像中困難？還有，已經可以實際套用在自己孩子身上了嗎？

身為作者的我相信，既然各位特地購買了這本簡單的書，且不厭其煩地練習，一定也會確實付諸實踐。

就算無法像練習問題例子那樣順暢地使用藍卡，也沒關係，**請在你覺得可以輕鬆應付且適合採用的時候，盡情使用藍卡來幫你解決問題。**

就算只是一個小成果，我誠摯希望各位有更多時候能這麼想：「咦，剛剛我的處理方式挺不錯的！」

結語

啊，終於寫完這本書。竟然花了將近半年的時間。

我從小學起就怕寫作文，所以過程非常辛苦；不過，能將「零吼罵育兒八策」內容撰寫成書，又能讓無法參加講座活動、未曾謀面的各位透過簡單練習來體驗成果，對我來說，是很有意義的作文課。

除了家長，如果政府機關．民間團體的育兒相關工作人員、立法委員、縣市議員等等，能透過本書將「透過基礎練習培養親子溝通、管教能力的方法」納為輔導育兒術的一環，我會很開心。

最後在此向撰寫本書期間，以及平日對我相當關照的野口啟示先生、渡邊直先生、須江泰子小姐、松本江美小姐致上深深謝意。

也要向一起籌辦講座活動與參加講座的各位朋友致謝。因為有各位的參與，才有「零吼罵育兒八策」的誕生。

最後要向閱讀到最後的讀者們致謝。那麼，期待再相會！

零吼罵育兒練習：爸媽輕鬆、小孩開心才是王道！

作　　者／伊藤德馬
譯　　者／黃瓊仙
主　　編／林巧涵
責任企劃／謝儀方
美術設計／點點設計．楊雅期
版面構成／唯翔工作室

總編輯／梁芳春
董事長／趙政岷
出版者／時報文化出版企業股份有限公司
108019台北市和平西路三段240號7樓　發行專線／（02）2306-6842
讀者服務專線／0800-231-705、（02）2304-7103　讀者服務傳真／（02）2304-6858
郵撥／1934-4724 時報文化出版公司　信箱／10899 臺北華江橋郵局第99信箱
時報悅讀網／www.readingtimes.com.tw　電子郵件信箱／books@readingtimes.com.tw
法律顧問／理律法律事務所　陳長文律師、李念祖律師
印　　刷／勁達印刷有限公司
初版一刷／2024年4月26日
定　　價／新台幣360元

ISBN　978-626-396-130-2 | Printed in Taiwan |

時報文化出版公司成立於一九七五年，並於一九九九年股票上櫃公開發行，
於二〇〇八年脫離中時集團非屬旺中，以「尊重智慧與創意的文化事業」為信念。

零吼罵育兒練習：爸媽輕鬆、小孩開心才是王道！／伊藤德馬作；黃瓊仙譯.
-譯自：子どもも自分もラクになる「どならない練習」
初版 -- 臺北市：時報文化出版企業股份有限公司, 2024.4
ISBN 978-626-396-130-2(平裝)
528.2　113004449

子どもも自分もラクになる「どならない練習」
KODOMO MO JIBUN MO RAKU NI NARU "DONARANAI RENSYU"

Original Japanese edition published by Discover 21, Inc., Tokyo, Japan
Complex Chinese edition published by arrangement with Discover 21, Inc.